Elogios a *Cómo ser la m*

«Marina y Gregory Slayton han escrito un gran libro para las madres. *Cómo ser la mejor mamá* será de gran ayuda para que toda madre críe a sus familias en formas saludables y positivas a pesar de la locura que hay en el mundo que nos rodea. Recomiendo este libro a todas las mamás y también a los papás que quieran ayudar a su esposa a ser la mejor mamá».

—Eric Metaxas, *New York Times*,
autor del libro mejor vendido
Miracles y *Bonhoeffer*

«Hay muchos retos con los que las familias de hoy se tienen que enfrentar. Nosotras las mamás tenemos que hacerles frente con sabiduría, amor y gozo. Marina y Gregory Slayton han vertido más de veinticinco años de sabiduría, amor y gozo en este gran libro, por lo que será una bendición para toda mamá que lo lea. Usando como base el libro mejor vendido de Gregory *Be a Better Dad Today*, *Cómo ser la mejor mamá* es una obra maravillosa para todas las madres del siglo veintiuno».

—Senadora de Estados Unidos
Kelly Ayotte (Republicana por
New Hampshire)

«Mis queridos amigos Marina y Gregory Slayton han escrito un *best seller* internacional para los papás: *Be a Better Dad Today,* que ha vendido más de 150.000 copias a nivel mundial en solo tres años. Puede ser que este libro para las mamás sea mucho mejor. Escrito principalmente por Marina, que ha investigado el tema con sumo cuidado y tiene más de veinticinco años como madre de cuatro hijos maravillosos, este es un gran libro para todas las madres que quieren la sabiduría, la fe y la fortaleza que se necesitan para ser la mejor mamá.

Esta es una obra hermosa que ha sido escrita con todo el corazón y muestra cómo una vida en Cristo puede sanar todo lo que está por delante. Este libro será de gran ayuda para las mamás y los papás que desean criar hijos más sabios, más fuertes y virtuosos. Recomiendo esta obra en gran manera».

—Fray Jonathan Kalisch, OP
Sacerdote Residente, Saint
John Paul II National Shrine,
Washington, D.C.

«¡Me encanta este libro! Es exactamente lo que las mamás de hoy necesitan para abordar los asuntos reales con los que nos enfrentamos. Marina y Gregory nos ayudan a aplicar la sabiduría bíblica a situaciones específicas de la vida real. Un excelente libro, preciso para nuestros días, muy necesitado y altamente recomendado».

—Dra. Leslie Parrott, autora del libro
You Matter More Than You Think

CÓMO SER LA MEJOR MAMÁ

UNA GUÍA PRÁCTICA PARA CRIAR HIJOS ÍNTEGROS EN
MEDIO DE UNA GENERACIÓN QUEBRANTADA

MARINA SLAYTON
Y GREGORY W. SLAYTON

GRUPO NELSON
Una división de Thomas Nelson Publishers
Desde 1798

NASHVILLE   MÉXICO DF.   RÍO DE JANEIRO

Editora en Jefe: *Graciela Lelli*
Traducción: *Emma Bredeman*
Adaptación del diseño al español: *Grupo Nivel Uno, Inc.*

ISBN: 978-0-52912-023-6

Impreso en Estados Unidos de América

15 16 17 18 19 RRD 9 8 7 6 5 4 3 2 1

Para Gregory, Sasha, Christian, Daniel
y Nicholas... por siempre.

Contenido

Prefacio

por Cathy McMorris Rodgers

Me encanta ser esposa y madre. Haber sido elegida para servir a mi país es un gran honor y un verdadero privilegio. Y servir como miembro de la Cámara de Representantes de Estados Unidos es algo que nunca soñé. No me cabe la menor duda de que esas funciones públicas llegarán a un fin, pero mi rol como madre dentro de mi amada y linda familia nunca terminará; este es el gozo más grande de mi vida y mi rol más importante; el regalo más grande que Dios me ha dado.

Hoy en día se hace cada vez más difícil, tanto para las mamás como para los papás, poder edificar familias fuertes y amorosas. Vivimos en tiempos difíciles en medio de una cultura quebrantada. Muchos de nosotros venimos de familias rotas. No es fácil encontrar la senda que nos conduzca a edificar familias felices. Esa es la razón por la cual me encanta este libro.

En la actualidad son muchas las mamás que se sienten estresadas e incómodas ante los retos que la maternidad conlleva en el siglo veintiuno. Tener que tratar con la «tiranía de lo trivial»: el trabajo, dentro o fuera de casa; las comidas; la limpieza; pagar las cuentas; las prácticas de fútbol de los chicos; los exámenes de admisión; las compras; las renovaciones en la casa; las tareas, y otras cosas más, puede ser abrumante, y puede hacer que nos olvidemos de edificar a nuestras familias en el fundamento de la fe y el amor.

La triste realidad es que en la sociedad de hoy, la maternidad es mucho menos valorada de lo que era solo hace dos generaciones. Estos retos pueden ahogar fácilmente lo que es de mayor importancia: cuidar, disfrutar y edificar a nuestras familias. Para muchas de nosotras, la gran pregunta es cómo mantener el gozo al enfrentarnos con estos retos. ¿Cómo podemos mantenernos enfocadas en lo que es realmente importante en nuestras vidas y en las de nuestras familias? ¿Cómo edificamos familias que puedan ser bastiones del amor, la sabiduría y la fortaleza para todos los miembros de la misma? Este libro es una gran ayuda para que podamos lograrlo.

Todas las mamás necesitan ayuda para poder llegar a ser las mejores. Marina Slayton, con la ayuda de su esposo Gregory, ha escrito específicamente para eso. *Como ser la mejor mamá,* un libro muy práctico y de mucha ayuda para todas las madres. Los muchos años de investigación y más de veinticinco años criando a cuatro hijos hermosos, han sido la inspiración de este libro. La lectura de esta obra hará que nosotras las mamás estemos más equipadas para lidiar con los grandes retos con los que todas nos enfrentamos.

Marina aprendió a ser una buena madre sin tener la ayuda de la suya. Tal es el caso de muchas mujeres que aprenden a ser buenas mamás sin tener buenos ejemplos. Este libro, tan personal y de mucha inspiración, es un recurso para nosotras a medida que ayudamos a nuestras familias a navegar en medio del dolor que está alrededor. El mundo que nos rodea trata de imponernos asuntos de sexo, drogas y expectativas sociales. En nuestro interior tenemos que luchar contra la inseguridad y aun contra las aspiraciones que tenemos para nuestros hijos. Marina toca estos temas claramente y paso a paso.

El mejor regalo que les podemos dar a nuestros hijos es el sentido de pertenencia, un lugar en la familia que les facilitará encontrar su posición en el mundo. Marina y Gregory comparten con claridad la sabiduría que se necesita para forjar esa integridad en medio del quebranto que nos rodea. Ellos han criado a sus hijos de modo que los desafíos que nos rodean no los abrumen. Este libro será de gran ayuda para nosotras las mamás, de modo que podamos criar a nuestros hijos con sabiduría, gozo y amor. Les agradezco a mis amigos Gregory y Marina por escribirlo. Y espero que sea de tanta bendición para ti y los tuyos como lo ha sido para nosotros.

—La Honorable C. M. R.

Introducción

Si eres como la mayoría de las mamás (¡incluyéndome a mí!), probablemente sientas algo de inseguridad y estrés al enfrentar los desafíos que vienen con el hecho de serlo en el siglo veintiuno. Nuestro deseo es criar hijos que vivan llenos de amor y sean productivos. Desearíamos sentirnos contentas y con mucha esperanza a medida que edificamos nuestras familias. Sin embargo, nuestros deseos se complican debido a la vida tan ocupada que llevamos, la falta —o el poco apoyo— de nuestros familiares y una cultura que cada vez se torna más disfuncional.

Cualquiera que sea la etapa de la vida en la que te encuentres, déjame decirte que no hay ninguna persona ni familia a la cual Dios no pueda redimir. Si la hubiera, no estuviese escribiendo estas líneas. Yo podría estar muerta, ya que mi mamá intentó abortarme tomando pastillas. Podría estar divorciada, ya que abandoné todas mis relaciones antes de conocer a Gregory. La relación con mis cuatro hijos podría ser terrible debido a la crianza que tuve. El hecho de que nada de eso haya sucedido es prueba del poder redentor de Jesús, no que yo tenga el poder de resucitar muertos. Nadie puede poseerlo.

En lugar de sentirnos estresadas e inseguras respecto a nuestras familias, Dios nos ha creado para que tengamos esperanza, para que seamos gozosas y para que tengamos paz en nuestro rol de mamás. Así que: ¿cómo nos enfrentamos a los desafíos de la maternidad moderna con gozo, esperanza y paz? ¿Cómo criamos a nuestros hijos para que no se derrumben ante todo el quebrantamiento y sufrimiento que nos rodea? He lidiado con esas preguntas por más de veinticinco años.

Las mamás somos importantes. Después que partamos de este mundo, lo que hayamos hecho permanecerá en el recuerdo por mucho tiempo. Nuestras vidas son el legado más grande que les podamos dejar a nuestros hijos y a los hijos de sus hijos. El mundo quiere etiquetarnos y quiere establecer nuestra identidad usando esas etiquetas. Dios quiere que conozcamos y estemos confiadas en nuestra identidad en él, que nos conoce a cada una por nombre. No estamos solas en nuestra travesía maternal. Jesús está con nosotras en cada paso que damos a lo largo del camino.

El propósito de este libro es ayudarnos a edificar nuestras familias sobre los fundamentos sólidos de Dios como son la fe, la sabiduría y el amor. No hay trucos que nos ayuden a ser buenas mamás, no hay reglas que sean de «talla única» que se puedan aplicar a cada familia. A la luz de esta realidad, es esencial que como mamás procesemos nuestras situaciones —únicas y específicas en la vida—, que hagamos las preguntas debidas y que busquemos respuestas sensatas. Es mi deseo poder ayudarte a discernir cómo criar bien a tus hijos en medio de un mundo quebrantado, sacando a la luz las preguntas más apremiantes con las que se enfrentan las mamás de hoy. No podemos mantenernos al margen de estos temas porque el mundo no se mantiene al margen de ellos. Al final de cada capítulo he diseñado una serie de preguntas con propósito para ayudarte a procesar tu situación específica con sabiduría. Con sabiduría y gracia podemos criar hijos íntegros aun en medio de nuestra cultura quebrantada, llevando una vida de esperanza, gozo y paz.

PERFECCIÓN ELUSIVA

Fui criada por una mamá destrozada; sin embargo, no me convertí en lo mismo para mis hijos. La perfección me ha eludido, pero no así el amor. Gregory y yo tenemos cuatro hijos de edades entre los veinticinco y catorce años. Al igual que la mayoría de las familias, hemos pasado por momentos buenos como por no tan buenos. Podría decir que la etapa de la vida en la que me encuentro tiene un poco de ambos. En el año 2012, mi esposo y yo viajamos a China por asunto de negocios, donde contraje un virus devastador que aún permanece en mi cuerpo. Estoy lidiando con el agotamiento físico y también con lo que el doctor ha diagnosticado como daño permanente del nervio facial. Por lo general, me cepillo los dientes con la espalda hacia el espejo para no desanimarme al iniciar el día. El amor que Gregory y mis cuatro hijos —Sasha, Christian, Daniel y Nicholas—, me han mostrado a lo largo de esta etapa tan desafiante, es un reflejo tangible de que Dios es amor, no importa cuáles sean nuestras circunstancias o que tan quebrantados estemos.

Hoy, más que nunca, estoy convencida de que las mamás necesitamos de una sabiduría profunda para lidiar con el quebrantamiento y el sufrimiento que nos rodea, y con el que llevamos dentro de nosotras. He llegado a comprender que tengo que buscar sanidad para mi quebranto a fin de poder criar hijos que sean capaces de llevar vidas íntegras. Todas deseamos ser mamás sobresalientes, no simplemente sobrevivientes. Y deseamos lo mismo para nuestros hijos. Podemos lograrlo al adquirir tanto sanidad como sabiduría, para ser victoriosas y no víctimas. Con el tiempo, nuestro Padre celestial provee esa sabiduría sanadora a todo aquel que esté listo a escucharle.

La maternidad es una travesía que nos lleva a la humildad. A través de nuestro papel de mamás (y esposas, bueno, eso es tema para otro libro) aprendemos mucho acerca de nosotras mismas y lo que somos en realidad, no como quisiéramos que el mundo a nuestro alrededor nos vea. No podemos escondernos de nuestro verdadero yo cuando nos encontramos en medio de los miembros de nuestra familia. A decir verdad, ha sido en medio de la mía que he descubierto las áreas de mi vida que necesitan el toque sanador de Dios. Como mujer soltera y profesional, durante mis veintitantos años, puse todo mi enfoque en desarrollar mi vida. Eso no estaba mal en sí, pero no entendí el proceso de la metáfora: hierro afila a hierro, hasta que me casé. El andar juntos con mi esposo y mis maravillosos hijos, me ha ayudado a ver quién soy yo en lo más profundo de mi ser.

Yo tenía la idea de que la maternidad sería facilísimo para mí, que era como estar un pato en el agua, por eso los desafíos que por naturaleza vienen con ella me tomaron por sorpresa, como un golpe. Creo que pensé que solo tendría que hacer galletitas, leer libros y salir de paseos y de picnic, hacer todo lo que me encanta con la gente que me agrada. Pero la realidad de la maternidad es que saca a la luz todas las experiencias que una mamá ha tenido, y si esas experiencias y sentimientos han sido dañados, va a ser imprescindible recibir sanidad interior si no queremos volver a ir por el mismo camino de dolor y daño.

El deseo de Dios es que seamos sanas, no solo nosotras, sino también nuestros hijos. La sanidad como resultado del quebranto es la historia de muchas mamás, y es la mía también. Tuve que aprender cómo ser una mamá saludable espiritual y emocionalmente para mis hijos. Me he dedicado a equiparlos con sabiduría y discernimiento para que puedan estar firmes ante las situaciones difíciles —tanto morales como éticas— que nuestros hijos enfrentan en nuestra cultura de este siglo veintiuno.

Las mamás necesitamos valentía, sabiduría y una armadura espiritual (Efesios 6.10–17). Aun si nuestras familias son sanas, tenemos que lidiar con el gran quebrantamiento espiritual y emocional del día en que vivimos. Las presiones culturales con la que nuestros hijos se enfrentan y la necedad que ven a su alrededor, van más mucho más allá de lo que la mayoría de nosotros vivimos en nuestra juventud. Tenemos que ayudar a nuestros hijos a lidiar con ese tsunami cultural, debemos prepararlos para lidiar con la tendencia en la cultura actual de llamar sabio o apropiado a aquel comportamiento que es necio y peligroso. Las mamás tenemos todos los recursos y la armadura espiritual de Dios a medida que edificamos nuestras familias. La verdad, la justicia, el evangelio de paz, la fe, la salvación y la espada del Espíritu están a nuestra disposición para contrarrestar los vientos que predominan en la cultura.

INSEGURIDAD PATERNAL

Al igual que muchas en nuestra generación, he sentido una profunda inseguridad en mi «desempeño» como mamá. La ansiedad paternal es una realidad constante para muchas mamás y, como resultado, muchas de ellas se están convirtiendo en lo que se conoce como progenitoras helicóptero. Estas mamás están encima de sus hijos y los protegen a tal extremo que por lo general ellos crecen y llegan a ser narcisistas e inútiles. Tenemos que tener en cuenta qué efecto tiene nuestra inseguridad sobre nuestros hijos.

Muchas mamás son ansiosas y, por consecuencia, sus hijos están llenos de ansiedad. Nuestras ambiciones y nuestro temor de no alcanzar los estándares imposibles impuestos por la sociedad alimentan esa ansiedad. La tendencia a enfocarnos en nosotras mismas, algo que va en detrimento de nuestras familias y de nuestras comunidades, es algo que se ha propagado por décadas. Y surge porque deseamos los logros mundanos, esta es la forma en que la sociedad de hoy nos da validez como buenas mamás. Como resultado criamos a nuestros hijos para que sean famosos, para que tengan muchos bienes materiales y para que sean la envidia de su generación. Eso es totalmente opuesto a lo que Dios quiere para nuestros hijos. Nuestro Padre celestial desea que nuestros hijos sean gente de carácter, competente y comprometida. Proverbios 16.16 nos enseña que la sabiduría debe ser algo que debemos desear más que el oro, eso quiere decir que tu carácter (lo que eres) es más importante que el éxito en el mundo (lo que haces). De hecho, todas queremos que nuestros hijos tengan éxito en la vida, pero al final de cuentas tenemos que rendir nuestra definición de *éxito* al Señor. El legado que les debemos dejar a nuestros hijos debe estar enfocado en ayudarles a desarrollar sabiduría e integridad para que puedan lidiar con el dolor, el gozo y los conflictos de la vida.

En el Antiguo Testamento hay un dicho en Ezequiel 16.44: «De tal palo tal astilla». Es imperativo que nosotras las mamás tratemos con nuestros problemas personales, no solo por nuestro propio beneficio, sino también por nuestros hijos y nuestros esposos. No queremos que nuestros hijos caigan en conductas quebrantadas, así que es menester que seamos honestas y reconozcamos nuestro propio quebrantamiento y el de nuestra cultura y que nos equipemos con sabiduría para poder tratar con eficiencia esos asuntos.

INSPIRACIÓN PARA MAMÁS

Cada día le pido a Dios que me ayude a amar a mi familia, que me dé sabiduría para ser una buena mamá y que llene mi corazón con oración. La vida en familia puede ser dificultosa porque estamos tratando con las realidades de la naturaleza humana, tanto la nuestra como la de los miembros de nuestra familia. Hay días, y aun temporadas enteras, en las que es una lucha ser la mejor mamá posible. No importa cuáles sean las circunstancias o cuál sea mi estado de ánimo, trato de ponerme en posición para que el Espíritu Santo me pueda animar e inspirar a seguir adelante, y lo hago buscando a Dios en su palabra y en oración. Este solo hecho puede marcar una gran diferencia.

Por fe he llegado a convencerme de que la Biblia posee la sabiduría que necesitamos para criar hijos sabios y virtuosos en medio de una generación fracturada. Verdaderamente, Dios puede hablarnos a través de su palabra. El estudio minucioso de la Biblia, a diario, me ha sostenido a través de las temporadas más desafiantes de mi vida. He aprendido que en nuestro rol de mamás podemos beneficiarnos grandemente de la exhortación del apóstol Pablo a que «Oren sin cesar» (1 Tesalonicenses 5.17). La oración es el arma espiritual más grande que poseemos como mamás. La oración constante nos ayuda a no solo tratar con los desafíos que tienen nuestros hijos sino también con nuestra propia preocupación, aquella que hace que nos preguntemos: *¿lo estoy haciendo bien?* Para ayudarnos a crecer en el área de la oración, tocaremos este tema: el poder y propósito de la oración, con más detalle en el capítulo final.

No hay trucos rápidos en lo que respecta a la maternidad; solo nos queda decidir a diario comprometernos con el Señor y con nuestra familia, pidiendo siempre que nos dé de su gracia. Nuestro compromiso a amar incondicionalmente es la base para toda buena maternidad. Todas deseamos con todo nuestro ser que las dificultades de la vida vengan al fin envueltas con un lindo moño; todas queremos un final feliz en nuestras vidas. No obstante, la vida no es una novela romántica, ni un drama de televisión que dura una hora. En esta tierra no siempre vamos a gozar de un final feliz. Sin embargo, aquellos hijos que son testigos de ver a una mamá (y también a un padre) que pone en práctica la sabiduría bíblica podrán aceptar la existencia con todas sus complejidades y podrán llegar a tener un entendimiento maduro de lo que es la realidad, dos de los regalos más grandes que les podemos dar a nuestros hijos.

UNA GENERACIÓN QUEBRANTADA

Nací en la ciudad de Nueva York. Mi padre, Sergei, nació en San Petersburgo en el año 1913 como parte de la *intelligentsia*, una clase muy educada de la Rusia prerrevolucionaria. Él ya era un señor de edad cuando mi hermano Alex y yo nacimos. Le llamábamos Papa. Mi mamá, que naciera en Polonia, una mujer mucho menor que mi papá, tenía un nombre inusual: Bozena. Ella también provenía de una familia aristocrática, tal como mi padre, fue víctima de los terribles y turbulentos eventos del siglo veinte. Por caminos separados buscaron refugio en las orillas de Estados Unidos como refugiados de la Segunda Guerra Mundial en Europa y por la llegada del comunismo. Ambos llegaron por la Isla Ellis, se conocieron en la ciudad de Nueva York. Se casaron en Manhattan en el año 1956.

Al igual que muchas familias de la clase media, mis padres se mudaron a los suburbios de Nueva Jersey porque no podían pagar por escuelas particulares para mi hermano y para mí en Nueva York. Viajaban diariamente a la ciudad para ir a trabajar. Mi mamá huyó de la Polonia comunista sin recibir su título universitario, así que se forjó una carrera profesional en el mundo de la moda, lo cual le proveyó de una comisión como de una pensión. Aunque disfrutaba mucho de su trabajo, no ganaba muy bien. Su experiencia hizo que ella se propusiese que yo recibiese una educación profesional que me diera las habilidades que me permitirían ser solvente financieramente y no tener que depender de un esposo en esta área. Mi padre, había sido abogado en Europa pero se convirtió en ingeniero de estructuras en Nueva York porque no dominaba el idioma inglés, lo que le impidió lograr una carrera profesional en leyes en Estados Unidos. Tengo la impresión de que él tenía mucha nostalgia al pensar en lo que pudiese haber sido, pero ante las secuelas de la destrucción de la Segunda Guerra Mundial, estaba muy agradecido de poder empezar de nuevo en Estados Unidos y poder establecer un fundamento para sus hijos. Mis padres trabajaban sin quejarse para pagar la hipoteca y los recibos del hospital de mi abuela hasta que ella murió. La nuestra es la historia típica de una familia inmigrante.

Mis padres sobrevivieron al terror de la guerra y no salieron de esos traumas ilesos. Sus experiencias no los llevaron a una vida de fe; podría describirlos como agnósticos. A la vez usaban la religión para poder mantener sus tradiciones culturales discrepantes. Yo fui criada en la religión Católica Romana, siguiendo la tradición de mi mamá. Aún recuerdo el hermoso vestido de encaje y la bella cruz de oro que recibí cuando hice mi primera comunión. Mi padre era ruso ortodoxo, así que mi hermano recibió su confirmación en esa tradición. No asistíamos de manera periódica a ninguna de las dos iglesias en nuestra niñez.

Mi mamá era una anfitriona excelente, una de las más encantadoras que yo haya conocido. Mis padres eran lingüistas talentosos; ella hablaba cuatro idiomas y él dominaba seis. Ambos provenían de culturas similares en las cuales se valoraba altamente la educación y los logros culturales. A pesar de tener tanto en común, contando con el tremendo sufrimiento personal que ambos habían experimentado, mis padres tenían un matrimonio destructivo.

Mi mamá creció con un padre apostador cuyo despilfarro forzó a su mamá a que empeñara sus joyas para que pudiera comprarle leche. Una vez sin dinero, mi abuela le escribió un telegrama a su padre pidiéndole el pasaje para llegar a casa. Mi bisabuelo, un hombre de la nobleza que poseía una propiedad muy grande en las afueras de Cracovia, Polonia, le había rogado a mi abuela para que no se casara con tal haragán. Sin embargo, en una escena digna de una novela rusa, el que un día llegaría a ser mi abuelo, sacó una pistola y amenazó con suicidarse si mi bella abuela no se casaba con él. Mi gentil abuela cedió y el desastre que su padre había profetizado se cumplió. Totalmente humillada, mi abuela regresó con mi mamá a la finca de su familia, solo para ver a su padre morir de neumonía seis meses después.

Desde la ciudad de Varsovia mi abuela y mi mamá fueron testigos de los acontecimientos catastróficos de la Segunda Guerra Mundial. Mi mamá aun participó como una mensajera adolescente en el levantamiento de Varsovia, en 1944. Como resultado, los nazis las llevaron a los campos de concentración que habían sido preparados para el Ejército Secreto Polaco. Esos campos estaban al lado de Auschwitz. Mi mamá pasó por horrores inimaginables que quebrantaron su espíritu en muchas formas.

Mi padre fue abandonado por sus progenitores en un orfanatorio durante la Revolución Rusa. En ese lugar pasó por cosas que ningún niño debería pasar. Andaba en una banda de niños que cazaban gatos y perros para alimentarse. Con el pasar del tiempo se volvió a reunir con sus padres en Polonia, con quienes experimentó los horrores de la Segunda Guerra Mundial. Antes de llegar a la Isla Ellis mi padre había vivido en siete países. Al llegar ahí tuvo que comenzar de cero, una vez más.

Al cabo del tiempo mi padre se recuperó, porque aprendió a perdonar. Mi mamá, por otro lado, nunca lo hizo. Al final de cuentas su falta de perdón la destruyó. Se volvió alcohólica, adúltera y adicta a los tranquilizantes. Sencillamente no pudo superar los traumas de su pasado. No sabía cómo ser una mamá estable porque le faltaba estabilidad. Pero gracias a Dios sabía que la familia es esencial y que el sacrificio es parte de la vida. Como consecuencia, en lo que respecta a ejemplos a seguir, recibí una bolsa con una mezcla de todo. Debido a las tradiciones culturales tan arraigadas de mis padres, pude entender que para edificar una familia se necesita educar, dar apoyo y sacrificio. Supe que las familias no se forjan con sueños sino con trabajo duro a diario. Pero no sabía cómo edificar una familia feliz y en armonía porque esa no fue mi experiencia en mi niñez.

Ser criada en un hogar lleno de amargura fue muy doloroso. Mi padre se retiraba a la sala de estar para dormir y hacer lo suyo. Tristemente, mi mamá amenazaba con el divorcio con frecuencia. Cuando yo tenía doce años de edad mi mamá me dijo que había tomado pastillas para inducirse un aborto cuando estaba embarazada de mí. Ese es uno de los muchos recuerdos más profundos de mi niñez que han marcado mi vida, que aún cargo conmigo.

Como resultado, arrastré conmigo heridas emocionales a mi adolescencia, heridas con las cuales no sabía cómo tratar. Me convertí en anoréxica, aun antes que nadie supiera lo que ese término significaba. Tuve muchos enamorados, siempre estaba buscando amor. Volqué todo mi esfuerzo en mis estudios para que me valoraran y lo logré. Ahorré dinero y viajé a donde quise. Es más, los momentos más felices que pasé con mis padres era cuando viajábamos disfrutando diferentes culturas, ensanchando nuestro conocimiento de la historia, consumiendo comida deliciosa. No es por coincidencia que ahora viaje con mi esposo y mis hijos todo el tiempo, reproduciendo los momentos más felices de mi niñez.

CÓMO LLEGUÉ A CONOCER A CRISTO

Yo no era cristiana cuando llegué a Amherst College, pero salí de ahí convertida. Esos eran los años en los que me hacía las grandes preguntas filosóficas acerca de la vida sin preocuparme por cosas materiales. Eran los últimos años de los 70 cuando el feminismo estaba en todo su apogeo. Mis compañeras de clase eran variadas y enérgicas. Me encantaba rodearme de mujeres apasionadas que se hacían las mismas preguntas que yo, comprometidas con una causa mayor que ellas.

Con el tiempo, encontré las respuestas a mis preguntas no en la filosofía, ni en una religión, sino en una relación con Cristo Jesús. Una amiga de la universidad, quien era ciega y padecía de artritis reumatoide, fue de gran influencia en mi vida en manera muy particular. Su paciencia y la paz que tenía ante el sufrimiento era algo inspirador. Su ejemplo hizo que dentro de mí se moviera un deseo de seguir una vida espiritual de búsqueda. Quería sentir el mismo gozo que mi amiga tuvo al asistir a varios estudios bíblicos en la universidad y retiros espirituales. A través de su ejemplo y el de otras amistades queridas a quienes respetaba profundamente, acepté a Cristo.

Después de graduarme de Amherst College fui a Columbia University, ahí recibí dos maestrías. Luego pasé a enseñar inglés a nivel universitario. Después de trabajar varios años en Nueva York terminé en Boston dirigiendo un centro de alfabetización para adultos y ocupando un lugar en la Task Force for the Working Poor [Fuerza operativa para trabajadores pobres] del Gobernador de Massachusetts. Comencé a especializarme en la alfabetización para adultos, un trabajo que me hizo sentir muy satisfecha. Al igual que el resto de mi generación, fui presionada por todos lados por el rápido cambio moral de nuestros tiempos. Sin embargo, desde los inicios me di cuenta de una verdad: creo en una relación, no en una religión. Tengo una relación personal con Jesús, sin su ayuda no hubiera podido sobrevivir, ni mucho menos prosperar, en mi vida

EL MATRIMONIO Y LA FAMILIA

Me casé con Gregory en el año 1989. Habíamos sido buenos amigos desde la universidad. Nos conocimos a través de un grupo religioso interuniversitario cuando yo estaba en Amherst College y él en Dartmouth College. Gregory es un esposo y padre dinámico. Nuestros tres hijos mayores están empezando su vida de adultos. Los dos mayores se han graduado de escuelas que son miembros de la Liga Ivy, y el tercero está en Southern Methodist University, en Dallas. Nuestra hija mayor es teniente en el ejército de Estados Unidos en Corea del Sur. Nuestro hijo menor es un gozo. Me maravilla que mi esposo y yo hayamos podido edificar una familia tan linda. Vemos esto como una respuesta milagrosa a las oraciones y un producto de la fe. El quebrantamiento en mi propia vida y en la de mi esposo, nos da la oportunidad para que se puedan manifestar la gracia y la redención.

A Gregory le apasiona ser esposo y padre, y está comprometido a ser mentor para la siguiente generación a través del ministerio de la paternidad, la familia y la fe. Escribió el libro mejor vendido *Be a Better Dad Today: Ten Tools Every Father Needs*[1] [Sé un mejor papá hoy: diez herramientas que todo padre necesita] porque creemos que vale la pena luchar por las familias. No podemos dar por sentado este ministerio tan importante, ya que está escrito que antes del gran día del Señor,

«Él hará que los padres se reconcilien con sus hijos y los hijos con sus padres» (Malaquías 4.6).

Todos pasamos por dificultades en esta vida. Pero por el hecho de ser cristianos podemos tener la confianza de que Jesús caminará con nosotros, nos guiará y nos dará su amor. En Cristo tenemos la confianza de que el final será bueno, no importa en qué parte de nuestra travesía nos encontremos hoy. Con su ayuda en el camino, podemos llegar a ser mamás que tengan la sabiduría necesaria para ayudar a nuestros hijos a que prosperen a pesar del quebrantamiento generalizado de esta generación.

Medita en lo siguiente

La Palabra de Dios

[A] todos los que están de duelo [...] [él les dará] una corona en vez de cenizas, aceite de alegría en vez de luto, traje de fiesta en vez de espíritu de desaliento. Serán llamados robles de justicia, plantío del SEÑOR, para mostrar su gloria. (Isaías 61.2–3)

No es que ya lo haya conseguido todo, o que ya sea perfecto. Sin embargo, sigo adelante esperando alcanzar aquello para lo cual Cristo Jesús me alcanzó a mí. Hermanos, no pienso que yo mismo lo haya logrado ya. Más bien, una cosa hago: olvidando lo que queda atrás y esforzándome por alcanzar lo que está delante, sigo avanzando hacia la meta para ganar el premio que Dios ofrece mediante su llamamiento celestial en Cristo Jesús. (Filipenses 3.12–14)

Engañoso es el encanto y pasajera la belleza; la mujer que teme al SEÑOR es digna de alabanza. (Proverbios 31.30)

Palabras de los autores

«La perfección me ha eludido, pero no así el amor».

Evalúa

Con toda honestidad reflexiona en tu travesía cuando eras niña, mujer y ahora, que eres mamá. Evalúa tus propias fortalezas y debilidades a la luz de las Escrituras.

1. ¿Qué es lo que deseas, tanto para ti como para tu familia?
2. ¿Qué obstáculos de tu niñez debes dejar atrás?
3. ¿Cuáles son los logros de tu vida hasta aquí?
4. ¿De qué maneras sientes que conversas con Dios?
5. ¿Cuáles son las metas específicas hacia las que te estás enfocando?
6. ¿Has tomado tiempo para poner por escrito la historia de tu vida? ¿Cuál es el impacto que tiene la historia de tu vida sobre ti como esposa y mamá hasta el presente?

Resumen

El legado que les dejemos a nuestros hijos tendrá un impacto en las generaciones venideras. Las mamás necesitan tener sabiduría para criar hijos que tengan carácter y un eje moral sólido. Comenzamos con este proceso cuando estamos seguras de nuestra identidad en Cristo, sabiendo que nuestras vidas tienen propósito y significado.

Uno

Una mamá sabía: el amor es el fundamento

¿Por qué comenzar con el amor? Porque estamos conscientes de que nuestros hijos están creciendo en un mundo que está cada vez más falto de ese amor que confirma y da vida. Después de haber caminado en la fe por más de treinta y cinco años puedo apreciar profundamente la insondable riqueza de los principios de nuestra fe. Tenemos que sacar de estas verdades fundamentales lo que necesitamos para enfrentar los retos con los que las familias de hoy tienen que lidiar. Debemos comenzar recordando las palabras que el apóstol Juan le escribió a una mamá casi dos mil años atrás: «Y ahora, hermanos, les ruego que nos amemos los unos a los otros. Y no que les esté escribiendo un mandamiento nuevo sino el que hemos tenido desde el principio. En esto consiste el amor: en que pongamos en práctica sus mandamientos. Y éste es el mandamiento: que vivan en este amor, tal como ustedes lo han escuchado desde el principio» (2 Juan 1.5–6). Es maravilloso ser ministros de amor para nuestros hijos, tal como él nos ministra en amor. Cuanto más crezco en la fe más capto la belleza de la sencillez de nuestro caminar con Jesús.

No obstante, hay una crisis de amor en esta generación. Todos podemos reconocer aquello que ha llegado a ser una triste y dominante realidad:

muchos padres no sienten amor y muchas familias hoy no tienen la capacidad de mostrarles a sus propios hijos el amor y la dirección que necesitan desesperadamente. Tal como escribiera León Tolstoi en la famosa frase al inicio de *Anna Karenina*: «Todas las familias felices se parecen unas a otras; pero cada familia infeliz tiene un motivo especial para sentirse desgraciada».[1] Esta es una verdad que permanece hasta hoy: el amor es la base de toda familia feliz. Es obvio que hay una gama de formas en las que se pueden expresar el amor, pero en una familia feliz, cada miembro sabe que a pesar de los dramas y las alegrías de la vida, él o ella es amado o amada.

Mi mamá miraba su vida en el contexto de su propio dolor y sufrimiento. Debido a que era sobreviviente de la Segunda Guerra Mundial y los campos de concentraciones alemanes, llevaba dentro de sí profundas heridas emocionales de rechazo, más profundas que las que su padre le dejó cuando las abandonó a ella y a su mamá para ir tras una vida de diversión y placer. El trasfondo familiar de mi esposo también era tan complicado como el mío.

Al unirnos a Gregory y a mí, el Señor ha demostrado que tiene una habilidad superior para edificar familias fuertes aun cuando llevamos con nosotros cargas pesadas como producto del quebrantamiento familiar. Somos ejemplos de que nuestro Padre celestial puede crear familias y matrimonios sanos pese a todo. Dios se arriesgó mucho al unirnos. Nosotros parecíamos la pareja perfecta, a primera vista, nuestros antecedentes educacionales son similares. Pero en nuestro interior ambos éramos súper sensibles al rechazo y el dolor. El hecho de que el Señor haya obrado en nuestras vidas para crear una familia sólida y feliz es testimonio del hecho de que él tiene el poder para redimir a quien sea.

Esta es la invitación que Dios nos hace: *Permíteme ministrarte mi amor*. Es ahí donde encontramos sanidad y paz. Deja de buscar aprobación en el mundo, porque a final de cuentas es pasajera y decepcionante. El Señor me ha enseñado que todos podemos recibir libertad de nuestra conducta quebrantada del pasado. Podemos obtener fortaleza para crear familias sanas y felices. No tenemos que ceder a las presiones culturales de los tiempos en que vivimos. No tenemos que tener temor por no saber qué decisión tomar porque no sabemos cuál es el siguiente paso. Nuestra travesía comienza al poner los ojos en Dios para que nos guíe hacia respuestas que traigan sanidad y nos den vidas que tengan significado, amor y un sentido de pertenencia. Esas cosas, a su vez, nos darán propósito y visión.

El amor como fundamento

Antes de aceptar a Cristo, yo usaba la palabra *amor* para justificar relaciones que no eran saludables. Busqué amor donde no debía buscarlo, y ahora puedo ver que lo que estaba haciendo era tratar de satisfacer el vacío que había dentro de mí. Quería pasar de lo ordinario a lo extraordinario, y el amor me daba un sentido de transcendencia en un mundo temporal. Como no me había sentido amada y protegida en mi niñez, buscaba el amor, por lo que hice de él mi ídolo. Descubrí que ni siquiera sabía cuál era el verdadero significado de amor para mí a causa de mi sufrimiento.

Esperaba encontrar mi valía a través del amor en las relaciones que tuve antes de casarme. Pero me di cuenta de que aunque el amor parezca dulce y lindo al comienzo, con el transcurso del tiempo llega a ser una disciplina ante los momentos difíciles y ordinarios de la vida. Al igual que muchos en nuestra cultura, idolatraba al amor en forma peligrosa. Anhelaba tener un amor romántico al estilo de Hollywood, sin darme cuenta de las promesas exageradas que son parte de esa meta inspirada por los medios de comunicación. La adoración al amor es un capataz cruel puesto que el amor se vuelve desechable cuando deja de satisfacernos. Yo quería un sueño, pero cada vez que comenzaba una relación terminaba recibiendo un ser humano.

Esto no es, en absoluto, lo que la Biblia enseña acerca del amor. Antes de mi relación con Gregory, ninguna de mis otras relaciones románticas tenía la capacidad de soportar el impacto de la realidad. Felizmente Dios se compadeció de mí, y a través de la obra del Espíritu Santo aprendí a amar aun cuando mis sentimientos no estaban alineados. Me di cuenta de que el verdadero amor tiene que estar conectado a una cosmovisión más grande que yo. Se tiene que cultivar exteriormente, y se tiene que poner en práctica para que pueda sobrevivir aun cuando no haya evidencia alguna de que recibiremos satisfacción inmediata. También me di cuenta de que mi corazón no era la fuente interminable de amor que yo necesitaba que fuese; entendí claramente que necesitaba una fuente de amor que yo no podía proveer desde mi interior.

Tal como no podemos sobrevivir si nos falta el oxígeno, no podemos sobrevivir sin el amor, pero así como el oxígeno tiene una fuente, el amor también tiene la suya. ¿Tienes una fuente de amor a la cual puedas ir y sacar de ella con frecuencia el amor que necesitas? Las mamás tienen a la mano una fuente de amor eterna e ilimitada de la cual podemos sacarlo en el momento en que necesitemos más de él en nuestras propias vidas. Este amor también puede fluir hacia aquellos que dependen de nosotras. Es por eso que para las cristianas nuestra fe es tan importante. A fin de cuentas, podemos amar a otros porque él nos amó primero (1 Juan 4.19). ¿Sabes que eres amada y querida? La fortaleza y el conocimiento que esta verdad nos brinda nos darán la habilidad para poder soportar las pruebas que vienen con la maternidad. Cuando pude captar la profundidad del amor que Jesús tiene por mí, mi quebranto se hizo añicos, y le dio a él la oportunidad de comenzar la sanidad redentora que necesitaba en mi vida. Su amor provee y alimenta mi gran amor por mi familia.

EL AMOR EN EL ROL DE REDENTOR

En nuestro rol de mamás tenemos el poder de dar amor, lo que nuestros hijos anhelan cada día. El regalo más grande y único que les puedes dar a tus hijos es amarlos; a medida que crezcan y maduren podrán continuamente ir a esa fuente. Si envenenas la fuente con ira, amargura, manipulación o cualquier otro tipo de toxinas producto de tu quebranto, lo único que lograrás es perpetuar esa misma condición en sus vidas. Pero nuestro Dios es el Redentor, cuyo deseo profundo es salvar y sanar a aquellos que lo buscan.

Nuestro Padre celestial desea que su pueblo reciba redención a través de la sanidad y la integridad. Su amor por nosotros lo hace posible.

La base de la fe cristiana es que «Dios es amor» (1 Juan 4.8). El hombre y la mujer en el huerto del Edén eran la expresión del amor de Dios. Pero a causa de la desobediencia la humanidad fue exiliada de la amorosa y santa presencia de Dios. El pecado no puede existir en la presencia del Dios santo. No podemos acercarnos a Dios bajo nuestros propios términos. En definitiva, la única manera por la cual podemos ser reconciliados con nuestro Padre eterno y ser parte de su familia eterna es a través de la amorosa expiación de su Hijo, Jesucristo, que llevó nuestras transgresiones en la cruz del Calvario: «Porque tanto amó Dios al mundo, que dio a su Hijo unigénito, para que todo el que cree en él no se pierda, sino que tenga vida eterna» (Juan 3.16).

Yo no tuve ningún problema en reconocer que era pecadora. Sé que algunas personas batallan con el tema del pecado, pero quizá el hecho de haber sido criada por padres perfeccionistas valió de algo en mi vida. Lo que no podía concebir era cómo llegar de lo que era a quien quería ser; pero Dios sí podía, y ha hecho una gran obra en mí y en mi familia. Él puede hacer lo mismo por ti.

Sea que tu familia esté llena de fe o totalmente lo opuesto, es imprescindible que pongas en práctica la disciplina del amor. La mamá se levanta en la noche para alimentar a su bebé cuando llora, cepilla los dientes de sus hijos antes que los suyos, pasa años como taxista (sin recibir propinas), se convierte en tutora académica por años. La esposa y mamá tiene que cuidar de su hogar, cultivar su relación con su esposo, y además tiene que tratar con los asuntos de su propia vida. Este es el meollo de la maternidad: un amor sacrificado. Es algo hermoso y poderoso. Pero nada fácil.

Una fuente de perdón

El amor es una fuente invalorable de perdón: «El amor cubre multitud de pecados» (1 Pedro 4.8). Nuestro amor por nuestras familias es una fuente de perdón. Somos llamadas a perdonar sin reparos, si cultivamos el amor podremos perdonar con libertad. Amar completamente quiere decir que les damos a nuestros hijos un sentido de pertenencia y la seguridad que anhelan, sin importar cuál sea su respuesta. El amor toma las faltas de otros y pone en libertad el poder de Dios que está dentro de nosotros para perdonar y aun bendecir. El amor es el fundamento de todas las familias felices.

En una manera maravillosa, Jesús nos dice que nuestro Padre celestial es amor. Esto es algo difícil de comprender en su totalidad, pero no es solamente que nuestro Padre nos ama, sino que Dios es amor. Así que si necesitas más amor en tu vida, pídele que te dé más. A él le gusta cuando sus hijos le piden regalos que puedan usar para bendecir a otros.

¿Qué sucede cuando nosotros en nuestro rol de padres decidimos no seguir la senda del amor, que aunque sea desafiante está llena de recompensas? La siguiente historia es conmovedora, servirá para ilustrar la destrucción que entra en una familia que permite que las tendencias egoístas tomen el lugar del sacrificio y el amor.

Nuestra hija iba a una escuela particular muy competitiva. Cada año esta escuela mandaba una cantidad increíble de estudiantes a las mejores universidades. Sin embargo, mi esposo y yo descubrimos que a pesar de todos los logros académicos, la prevaleciente atmósfera de consumismo materialista era algo difícil con lo que había que lidiar. Hemos tratado, con mucho esfuerzo, de ayudar a nuestros hijos a entender que la vida no se trata de tener cosas, sino de la fe.

La abundante riqueza no era el desafío más grande en esta escuela, sino el egocentrismo desenfrenado de muchos padres ocupados, que los llevaba a abandonar a sus hijos. Esta situación es tremendamente difícil para los adolescentes, ya que por naturaleza es poco probable que se hagan notar o que pidan ayuda. Eso da pie a que los padres que están sumamente ocupados abandonen emocionalmente a sus adolescentes. Los adolescentes necesitan mucho más de sus padres en esos años desafiantes. Daba pena ver chicos de diez años, inteligentes y talentosos, convertirse en jovencitos de dieciséis años malhumorados, conocedores de la vida y desanimados. La drogadicción y la depresión, aun los suicidios, eran cosa común y corriente.

Kyra, fue la mejor amiga de mi hija Sasha desde el sexto hasta el octavo grado. Kyra comenzó el sexto grado con un semblante alegre y de cabello rubio largo y bello. Su padre casi no paraba en casa, pero su mamá era una mujer muy bella que parecía tener una sonrisa eterna. Después de vivir varios años en Palo Alto, nos mudamos de nuevo a la costa este para poder cambiar ciertos patrones negativos que habíamos notado en nuestra hija. Como veremos más adelante en el libro, un cambio de residencia familiar y de subcultura puede ser una buena estrategia si tus hijos se sienten abrumados por una situación negativa o autodestructiva.

Sasha se sentía muy sola en nuestra nueva casa en Virginia, quería que invitásemos a Kyra para que nos visitara durante las fiestas navideñas. Accedimos a su pedido, confiados de que ninguna mamá en el mundo iba a dejar que su única hija de catorce años de edad estuviese fuera de casa durante la Navidad. Ya te imaginas nuestra sorpresa cuando hablé con la mamá de Kyra y descubrí que no solo estaba dispuesta a que su hija pasase todo el feriado navideño con nosotros sino que le entusiasmó la idea. Kyra salió del avión; se había cortado su hermoso cabello rubio y se lo había teñido negro; tenía un semblante duro y se le veía mucho mayor.

La visita no fue de lo mejor, ya que Sasha —influenciada por su triste y enojada amiga—, se volvió quejona y amargada. Me da vergüenza confesar que me sentí aliviada cuando Kyra voló de regreso a su casa. Meses después Sasha entró a nuestra cocina llorando. Los padres de Kyra convocaron a Kyra y a su hermano a una reunión. Sentaron a Kyra y a su hermano mayor en el sofá y les dijeron: «Chicos, tenemos un problema. Nos vamos a divorciar y ninguno de nosotros quiere llevarse a ninguno de ustedes». Por mucho tiempo, Gregory y yo tuvimos la impresión de que las cosas no andaban muy bien en la familia de Kyra, pero la flagrante indiferencia de los padres, en lo que respecta a las necesidades y sentimientos de sus hijos, nos dejó conmocionados profundamente. Solo podíamos imaginar el impacto devastador que esa noticia debe haber tenido sobre Kyra y su hermano.

Sasha quería saber si podíamos acoger a Kyra. Por supuesto que dijimos que sí, pero sentimos una verdadera tensión interna. Queríamos ser amables y amorosos con la amiga de nuestra hija, pero queríamos actuar con sabiduría a favor de toda nuestra familia. En definitiva, nuestra responsabilidad prioritaria es el cuidado de Sasha y sus hermanos antes que nada. Creemos lo que dice 1 Corintios 15.33 «No se dejen engañar: "Las malas compañías corrompen las buenas costumbres"». Tristemente, la influencia negativa de Kyra sobre nuestra hija Sasha era evidente, y no hubiéramos podido proteger a Sasha si Kyra hubiera vivido con nosotros Pero, ¿cómo podríamos rechazar a una jovencita abandonada?

Después de todo, Kyra fue a vivir con su abuela. Hoy anda vagando de una ciudad a otra, sin terminar sus estudios superiores, en búsqueda de un lugar al cual pertenecer.

Todo hijo o hija quiere saber que él o ella pertenecen a algo o a alguien. Una parte integral de *pertenecer* es *anhelar*; cada hijo anhela estar en el centro del corazón de su papá y de su mamá. Eso es clave para él o ella. Pero Kyra, como muchos otros chicos hoy, no recibió ese sentido de pertenencia. Al contrario, se le otorgó uno de rechazo. Una carga que ningún ser humano debería tener que soportar.

Así que dimos ciertos pasos específicos y a propósito para responder al sentimiento de aislamiento de Sasha en Virginia. Desarrollamos un programa de equitación en un establo. Sasha comenzó a tomar lecciones de canto semanales con una profesora fabulosa. Lo más importante es que Sasha y yo pasamos mucho tiempo juntas. Íbamos de compras por la antigua ciudad de Alexandria, íbamos a restaurantes maravillosos, caminamos juntas por largas horas. Ese fue un año muy ocupado para mí; tuve que reubicar a mi familia entera, completar una remodelación en nuestra casa nueva y luego organizar la mudanza de nuestra familia a Bermuda. Todo eso con un niño de tres años pegado a mí. Pero fue un gozo ser la mejor amiga de mi hija ese año, en el momento en que ella más lo necesitaba.

El enfoque debe ser el amor

El amor me mantuvo enfocada en el elemento más importante de nuestras vidas: nuestra familia. Como mamás, no debemos olvidar nunca que los hijos están a nuestro cargo por un tiempo limitado. Es necesario que los cuidemos y amemos lo más que podamos, mientras podamos. De esa forma les damos el regalo de saber que son amados verdadera y abundantemente. Cuando menos nos demos cuenta, esos días de la infancia habrán llegado a su fin.

Sabemos que no hay forma de sustituir el tiempo. Pero la tiranía de aquello que es insignificante puede ahogar lo más importante que debemos hacer. Es necesario que sacrifiquemos lo que nos ocupa por aquello que es importante, aunque no sea fácil. Me ha sido necesario hallar discernimiento en esa área de mi vida, pero nunca he lamentado el hecho de haber puesto de lado muchas de mis actividades personales por un largo período de mi vida. Eso ha sido por un bien mayor para mi familia. Ahora que mis hijos no requieren el mismo nivel de cuidado y vigilancia, mi vida está estableciendo un ritmo totalmente diferente.

Cada hijo nace con una habilidad innata de buscar amor en el lugar correcto: sus padres. Pero si rechazamos a nuestros propios hijos, ¿qué harán cuando sean adolescentes y adultos? Buscarán el amor en todos los lugares equivocados. No podemos engañar a los chicos, ellos pueden discernir cuando no son amados por las personas que están llamadas a amarlos más que nadie.

Segunda de Timoteo 3.1–2 refleja la cultura predominante en Estados Unidos: «Pero debes saber esto: que en los últimos días vendrán tiempos difíciles. Porque los hombres serán amadores de sí mismos» (LBLA). Los padres que no pueden mantener bajo control sus intereses personales hacen que la vida familiar sea dolorosa. Tristemente nuestra familia vio ese mismo patrón repetirse muchas veces en el Silicon Valley, en las Bermudas y en Hanover, New Hampshire, donde nuestro tercer hijo fue a una escuela secundaria muy respetada y competitiva. La creciente ola de irresponsabilidad paterna y de abandono contribuyó a los suicidios e intentos de suicidio en las tres localidades.

A comienzos de los 1990, junto con Rebecca White, fundamos el primer grupo de mamás de la congregación Redeemer Presbyterian en la ciudad de Nueva York. Rebecca y yo éramos mamás llenas de entusiasmos que tenían niños pequeños. Decidimos convocar a las mamás jóvenes que tuvieran el mismo deseo, para poder construir una comunidad en Manhattan, un lugar bastante fragmentado. Además de reunirnos semanalmente, organizábamos charlas mensuales en las cuales las oradoras eran mamás de respeto, con experiencia, y que tenían hijos mayores. Esas charlas aportaban el consejo e información que tanto necesitábamos. Kathy Keller, la esposa de Tim Keller, el pastor principal de la iglesia Redeemer, tuvo la gentileza de asistir y compartir con nosotras un martes por la mañana en el mes de mayo. Katy y Tim vivían unos cuantos pisos más arriba que nosotros en nuestro edificio en Roosevelt Island, una coincidencia divina tanto para mí como para Gregory en muchas formas.

En el trayecto desde nuestro edificio hasta la iglesia en Upper West Side, donde se reunía nuestro grupo, Kathy y yo tuvimos una conversación muy interesante acerca de los hijos. Kathy tiene tres hijos y está totalmente dedicada a su familia. Por aquella época, mi hija Sasha solo tenía seis meses y yo era una mamá muy ansiosa. Kathy mencionó que Tim todavía asesoraba a estudiantes de doctorado en Westminster Theological Seminary [Seminario Teológico de Westminster], en Filadelfia. Tim tenía a su cargo un estudiante que quería dar una respuesta a la fundamental pregunta de por qué los hijos de padres cristianos deciden abrazar o rechazar el cristianismo cuando son adultos. Después de años de investigación, ese estudiante de doctorado, llegó a la conclusión de que había un factor sobresaliente del por qué los hijos deciden aceptar a Cristo y mantenerse siendo cristianos: se sentían amados por sus padres. Esa revelación ha tenido un verdadero y profundo impacto en la forma en que crío a mis hijos. El amor es lo que más impacta la vida de nuestros pequeños.

Yo creo que todas nosotras, las mamás, deberíamos memorizar los poderosos versículos de 1 Corintios 13, porque no solo describen lo que es el amor, sino que también ilustra sus acciones:

Si yo hablara lenguas humanas y angélicas, y no tengo amor, vengo a ser como metal resonante, o címbalo retumbante [...] Y si repartiera todos mis bienes para dar de comer a los pobres, y entregara mi cuerpo para ser quemado, y no tengo amor, de nada me sirve.

El amor es paciente y bondadoso; no es envidioso ni jactancioso, no se envanece; no hace nada impropio; no es egoísta ni se irrita; no es rencoroso; no se alegra de la injusticia, sino que se une a la alegría de la verdad. Todo lo sufre, todo lo cree, todo lo espera, todo lo soporta.

El amor jamás dejará de existir [...] Cuando yo era niño, mi manera de hablar y de pensar y razonar era la de un niño; pero cuando llegué a ser hombre, dejé atrás las cuestiones típicas de un niño. Ahora vemos con opacidad, como a través de un espejo [...] Ahora conozco en parte, pero en aquel día conoceré tal y como soy conocido. Y ahora permanecen la fe, la esperanza y el amor. Pero el más importante de todos es el amor. (RVC)

Las últimas palabras de mi mamá a mí, cuando estaba en el hospital en su lecho de muerte, fueron: «Estoy muy decepcionada». Jesús no quiere que este sea el epitafio de ninguna mamá. Lo que hacemos con amor va a perdurar. Jesús me ha ayudado a soportar las cargas de la vida y me ha ayudado a no dejar de amar a mi esposo y a mis hijos. Solo puedo ver el futuro como por un espejo, pero puedo ver el amor de Dios claramente. Pertenecemos a un Padre que nunca dejará de amarnos.

Medita en lo siguiente

La Palabra de Dios

En esto consiste el amor: no en que nosotros hayamos amado a Dios, sino en que él nos amó y envió a su Hijo para que fuera ofrecido como sacrificio por el perdón de nuestros pecados. (1 Juan 4.10)

Queridos hermanos, amémonos los unos a los otros, porque el amor viene de Dios, y todo el que ama ha nacido de él y lo conoce. El que no ama no conoce a Dios, porque Dios es amor. Así manifestó Dios su amor entre nosotros: en que envió a su Hijo unigénito al mundo para que vivamos por medio de él. En esto consiste el amor: no en que nosotros hayamos amado a Dios, sino en que él nos amó y envió a su Hijo para que fuera ofrecido como sacrificio por el perdón de nuestros pecados. (1 Juan 4.7–10)

Grandes son las obras del Señor; estudiadas por los que en ellas se deleitan [...] El principio de la sabiduría es el temor del Señor; buen juicio demuestran quienes cumplen sus preceptos. ¡Su alabanza permanece para siempre! (Salmos 111.2, 10)

Palabras de los autores

«Una parte integral de *pertenecer* es *anhelar*; todo hijo anhela estar en el centro del corazón de su papá y en el de su mamá».

Evalúa

1. ¿Estás segura del amor del Padre por ti?
2. ¿Has tenido éxito al comunicar ese sentido de amor al corazón de tus hijos? ¿Qué puedes hacer para mejorar en esta área?
3. ¿De qué maneras te está desafiando Dios para que ames a tus hijos aunque tengas que sacrificarte? ¿Por qué es tan difícil?
4. ¿Qué tan dedicada estás a la vida de tus hijos? ¿Te calificarían algunos de tus vecinos como una mamá no dedicada? ¿Por qué?
5. ¿Podrías decir que el amor es una de las dinámicas más fuertes de tu hogar? ¿Qué diría tu esposo? ¿Qué dirían tus hijos? ¿Por qué?

Resumen

Tal como sostenía Sigmund Freud, lo que un hijo busca no es atención sino amor. Nuestros hijos no nos recordarán como mamás perfectas, pero quedará en sus recuerdos que los amamos.

Dos

Una familia unida: cómo forjar un sentido de pertenencia

En Palo Alto, California, una niña del vecindario que era unos años menor que Sasha se convirtió en un elemento fijo de nuestro hogar por un período de varios años. Su papá trabajaba en la casa y su mamá estaba muy ocupada tratando de conseguir un título médico. Caroline iba a nuestra casa casi todos los días. Al inicio era muy exigente y quejona ya que no había tenido suficiente cuidado y supervisión de parte de sus padres. Con el transcurso del tiempo aprendió las reglas de nuestra casa y su comportamiento se ablandó. También creo que podía sentir que orábamos por ella y apreciaba que nos preocupáramos con sinceridad por su bienestar. Probablemente el hecho de que podía comer todo lo que quisiera en nuestra casa ayudó en algo.

El papá de Caroline murió repentinamente debido a una sobredosis de droga a la edad de cuarenta y tres años, dejando a la familia en un caos total. La noche en que falleció, Caroline estaba cenando con nosotros. Al momento de abrir la puerta y ver el rostro de su mamá, supe que algo terrible había ocurrido. Caroline no quería hacer caso a su mamá, que insistía que fuese a la casa. Su mamá tuvo que decirle la espeluznante verdad de la muerte de su padre en las gradas de la puerta de nuestra casa. Cuando se fue con su mamá, me dio una mirada nostálgica. En menos de una hora Caroline estaba de regreso para pasar la noche con nosotros, oramos con ella, y le hablamos de la verdad que se encuentra en la Biblia. En la hora de mayor necesidad de Caroline se sintió más acogida por nosotros que por su madre.

Fuimos al funeral del papá de Caroline oficiado al estilo Nueva Era. Nunca olvidaré las mentiras que se dijeron para justificar su trágica muerte: «Él era un espíritu libre». «Era un buen padre. Dejó que sus hijos encontraran su propia senda». «Realmente amaba a sus hijos». Por desdicha, todos esos clichés eran completamente falsos.

Poco tiempo después de esos acontecimientos, nos mudamos a Virginia. Nos dio mucha pena dejar a Caroline. En los años siguientes ella comenzó a consumir drogas, tal como su padre. Cada vez recibíamos menos noticias de ella; era evidente de que su vida no iba por el camino correcto. Tuvo que defenderse por sí misma mientras su mamá perseguía sus metas profesionales. Años después mi esposo la vio en nuestro antiguo vecindario durante un viaje de negocios a Silicon Valley. Sus ojos estaban vidriosos y balbuceaba al hablar. Ella había sido una jovencita alegre e inteligente que simplemente quería ser amada y sentir que pertenecía a alguien. Como no recibió eso en casa, encontró otras cosas que sustituyeran tal carencia. A no ser que haya una intervención divina en su vida, es muy probable que siga los pasos de su padre.

Todos necesitamos sentirnos amados y que pertenecemos a alguien. Los chicos que no se sienten amados y que no tienen un sentido de pertenencia comienzan la vida con una gran carga. Podemos ver por todo nuestro alrededor la aflicción que ha creado el abandono de los padres. Hay muchos chicos que nunca se recuperan.

Al final de este último año escolar, asistí a una reunión en el colegio de mi hijo para tratar varios asuntos. Casi al terminar la reunión, le pregunté a uno de los educadores acerca del octavo grado del próximo año. Me explicó francamente el hecho de que el octavo grado es un año difícil debido a la pubertad y el simple hecho de que muchos chicos son muy infelices. Esa tendencia continúa en nuestra escuela secundaria y, por lo general, los resultados son trágicos. La educadora cree que esa infelicidad es resultado directo de los padres que viven separados de sus hijos. La cantidad de padres modernos que están más concentrados en sus ambiciones personales que en servir a sus familias va en aumento. Por desdicha, eso da pie a que los chicos se críen solos, por lo que los resultados son desastrosos.

¿En qué manera podemos, nosotros como padres, darles a nuestros hijos la fortaleza que necesitan para que pongan en práctica el amor y la sabiduría? La verdad es que ese sentido de pertenencia que proviene de una familia sólida será una fuente de fortaleza para cada uno de nuestros hijos por el resto de sus vidas. La fortaleza emocional del futuro de nuestros hijos depende tremendamente del conocimiento de que son amados incondicionalmente por sus padres y que nunca serán rechazados dentro de su familia. Ese sentido de pertenencia será una fuente de esperanza para su futuro y una fuente de fortaleza aun cuando los tiempos se pongan difíciles, como nos sucede a todos en algunos momentos en nuestras vidas.

Las mamás necesitamos una dosis fresca de fortaleza, esperanza y gozo cada día. ¿Cómo podemos encontrar la esperanza y el gozo que necesitamos para que nos fortalezcan en nuestra travesía, en medio del lavado de la ropa, la limpieza y la cocina que nunca se acaban, las cuentas sin fin, y las innumerables demandas de nuestros tiempos? Todas queremos saber cómo edificar una familia sólida y unida ante las fuerzas culturales que desafían a las familias por doquier.

Para edificar una familia sólida y unida tenemos que volver a la pregunta esencial de la pertenencia. En primer lugar y antes que nada, la pregunta es para nosotras. ¿Estamos conscientes de que somos parte de algo más grande que nuestra rutina diaria y que hemos sido creadas por el Señor? Para mí fue de mucha importancia que reconociera que fui encargada por nuestro Padre celestial de que edificara su reino y promoviera su gloria para la siguiente generación. Mi ministerio principal con mi familia es que me convierta en los brazos de Dios para mi esposo y nuestros hijos.

Las mamás somos las manos amorosas de Dios y su voz gozosa para nuestras familias. Cada una de nosotras formamos parte fundamental del plan de Dios para esta tierra. Del mismo modo que nuestros hijos nos pertenecen a nosotras, nosotras le pertenecemos a nuestro Padre celestial. Así como tenemos esperanzas y sueños con nuestros hijos, nuestro Padre anhela lo mismo con nosotras. Sus sueños no son falsos cantos de sirena como la comodidad material y la fama mundana. Aun aquellos que están fascinados con las riquezas de este mundo y el éxito deben admitir, en algún momento, que todo eso pasará; esa es la razón por la cual tanta gente siempre está buscando más y más cuando llegan a estar insatisfechos con lo que ya tienen. Vivir en la realidad de que pertenecemos a nuestro Padre celestial es la base para todo lo demás. Del mismo modo como nuestros hijos pueden contar con nosotras, nosotras sabemos que podemos contar con nuestro Padre cada día, porque pertenecemos a él.

Sin comparación alguna, mi vida habría sido más fácil si hubiera puesto a nuestro pequeño de tres años en una escuela preescolar cuando vivíamos en Virginia. No hubiera tenido a un pequeño constantemente colgando de mí cuando llevaba a los mayores al colegio, cuando estaba desempacando docenas de cajas, cuando estaba supervisando una remodelación y cuando estaba pasando tiempo como amiga con nuestra hija Sasha. La mudanza desde California le había chocado a nuestro pequeño Nicky, por lo que yo tenía que ser su punto de estabilidad. El hecho de quedarme en casa durante todas nuestras mudanzas debido al trabajo de Gregory, ha sido la decisión más sabia a favor de nuestra familia. He trabajado desde mi casa, pero mis hijos saben que ellos me pueden encontrar en cualquier momento en la cocina, el jardín o en mi escritorio. Nuestros hijos mayores pueden contar siete mudanzas grandes debido al traslado por causa del negocio. Sin embargo, nunca les ha faltado estabilidad porque ellos saben dónde están sus padres, y también saben que estamos a su favor. Es obvio que hemos cometido muchos errores, pero nuestros hijos tienen un lugar de amor y seguridad: nuestra familia. Ese sentimiento de seguridad marca una gran diferencia en la vida de los hijos.

EN BÚSQUEDA DE UN SENTIDO DE PERTENENCIA

Todos tenemos sueños y todas las mujeres han nacido con el deseo de satisfacer nuestra creatividad. Y deseamos lo mismo para nuestros hijos. Esta es una expresión maravillosa y saludable de nuestra humanidad. Pero a la larga, lo que hacemos no es lo que le da significado a nuestras vidas. Un socio capitalista en el Silicon Valley, le dijo una vez a mi esposo que su vida no era muy satisfactoria. Dijo que amaba a su esposa y que nunca le sería infiel; que adoraba a sus hijos y que nunca los abandonaría; y que el éxito por el cual se había esforzado estaba finalmente al alcance de sus manos; entonces, ¿por qué se sentía tan vacío? Porque aunque todos nuestros sueños se hayan realizado y hallamos satisfecho nuestra creatividad, hemos sido creados para algo más grande aún.

Todos hemos sido creados para pertenecer, para tener una relación cercana con otros, puesto que somos seres sociales. Esta verdad se repite en las enseñanzas de la biología evolucionaria y en la psicología humana, como también en las principales expresiones de fe, incluyendo al cristianismo. Todos sabemos que eso es verdad. Pero la verdad fundamental es que solo Dios puede llenar el espacio vacío en nuestros corazones. Algunos intentaremos extinguir ese vacío innato para no sentir dolor. Otros intentarán llenarlo con las cosas de este mundo. Pero la realidad es que tanto los padres como los hijos quieren saber hoy y por la eternidad cuál es su propósito y a quién pertenecen. El propósito y el significado de la vida son grandes preguntas con las que todos tenemos que enfrentarnos para que podamos tener paz y un sentido de pertenencia.

Muchas personas no deciden tener una vida de fe. Puede que lleguen a la conclusión de que el propósito de la vida es pertenecer a uno mismo. Si eso es cierto, entonces hacer lo que me haga feliz sería suficiente. «Sentir que todo gira en torno a mí» es el principio motivador de esta forma de ver la vida. Por desdicha, este modus operandi, a la larga lleva a un sentimiento de vacío y soledad porque en esencia hemos sido creados para pertenecer. Yo era así. Por el hecho de pertenecer a mí misma me sentía no solamente triste sino que además me sentía sola (algo irónico porque era muy popular y estaba rodeada de gente, especialmente de varones); pero también me preocupaba que esa tristeza me siguiera toda mi vida. Sospechaba que si vivía para mí, mi destino era morir sola. También me di cuenta de que terminaría hiriendo a cualquiera que dependiera de mi amor puesto que estaba enfocada en amarme y satisfacerme a mí misma. Por otro lado, había visto muy de cerca a personas que habían escogido ese camino y el fin era una tragedia. Tal como la Biblia nos enseña: «No se engañen: de Dios nadie se burla. Cada uno cosecha lo que siembra» (Gálatas 6.7).

Percibí que quería desesperadamente llenar el anhelo de mi corazón en cuanto a pertenecer, lo cual me llevó a la fe a medida que me daba cuenta de que pertenecía a nuestro Padre celestial. A través de la muerte de Jesucristo por mí, llegué a pertenecer a su familia de creyentes y a la de mi propia familia, por lo que encontré un gozo inmenso.

EL PACTO MATRIMONIAL: LA FORTALEZA DE LA PERTENENCIA

El pacto matrimonial es de pertenencia. El poder del pacto matrimonial es el fundamento principal para que haya una familia feliz. El matrimonio no es un contrato en el cual se estipula: «Si tú haces tal cosa, yo haré tal cosa [...] pero si no lo haces, yo tampoco haré mi parte». Tampoco es algo ilusorio como: «Te amaré con locura por el resto de mi vida». El pacto matrimonial conlleva muchas cosas, pero principalmente es un pacto de pertenencia. La Biblia nos enseña que «el hombre deja a su padre y a su madre y se une [pertenece] a su mujer» (Génesis 2.24). En una forma espiritual pero muy real, el matrimonio une a un hombre y una mujer en un pacto que está diseñado para soportar las vicisitudes de la vida.

Si estás casada, perteneces a tu esposo, del mismo modo él te pertenece a ti. Eso quiere decir que él cuida de ti de la misma manera que lo hace con su propia persona. También quiere decir que tú cuidas de él de la misma manera. Es un alto y santo llamado al esposo y a la esposa.

Si tu matrimonio, o el mío, no están a la altura de ese llamado en estos momentos, lo correcto no es bajar la meta. Lo correcto es encontrar formas para poder volver a ese estado de intimidad y verdadera pertenencia. Ese sentido de pertenencia es el fundamento sobre el cual se edifican las familias fuertes. Además, uno de los regalos más importantes que podemos darles a nuestros hijos es mostrarles lo que es un buen matrimonio. Debido a la realidad de la naturaleza humana, no es fácil edificar un buen matrimonio con el tiempo. Sin embargo, el valor que hay en el matrimonio hace que valga la pena todo lo que podamos invertir en él. Si eres una mamá soltera, no dejes que la preocupación te venza. Tú le perteneces al Señor y él a ti. Es más, él te ha dado una promesa especial en el libro de Isaías: «[El Señor] guiará con delicadeza a las ovejas con crías» (40.11 NTV).

Nuestros hijos nos pertenecen a nosotras, ellos lo saben desde que estaban en nuestro vientre. Al nacer, de inmediato buscan amor y sustento en nuestros brazos. Les pertenecemos. Si tenemos la dicha de contar con un esposo fiel, diariamente debemos agradecerle por él. Seguro que no es perfecto. Pero debemos dar gracias por nuestro esposo y asegurarnos de que sepa cuánto lo apreciamos. Él te pertenece a ti por los votos que hicieron delante de Dios, sus amigos y sus familiares cercanos. También te pertenece a ti porque a través de su unión Dios ha creado vida nueva. Tú le perteneces a tus hijos y a tu esposo, y ellos a ti de manera real y espiritual. Esta realidad nos da gozo y fortaleza.

El hecho de que le pertenecemos a nuestra familia y que ellos nos pertenecen es algo muy significativo para nosotras las mamás. Quiere decir que no estamos solas. Quiere decir que hay un significado en la vida que va más allá del hecho de vivir para nosotras mismas. En lo profundo de nuestro ser sabemos que eso es cierto. Entré a la maternidad con la creencia de que es valiosa, que yo quería ser mamá, y que mi ministerio con mi familia me conectaría a algo y a alguien mucho más grande que yo.

LAS MAMÁS Y EL SENTIMIENTO DE PERTENENCIA EN EL MUNDO MODERNO

Supuestamente las mujeres de hoy son más libres que sus homólogas de hace cien años; libres para ser, libres para escoger y libres para hacer lo que quieran. Se supone que esa libertad debería hacernos más felices pero, en realidad, muchas de nosotras estamos más confundidas y afligidas que nuestras abuelas. Las medidas con las que nos medimos son el resultado directo de no saber a quién ni a dónde pertenecemos. Tocaré este tema a lo largo de este libro porque creo que todas fuimos creadas para que tengamos sentido y significancia en nuestras vidas. Lo que sucede es que en vez de apropiarnos de las aspiraciones y medidas sabias para nuestras vidas, tendemos a aceptar las medidas que el mundo dice que nos darán validez. Como resultado les pasamos a nuestros hijos el quebranto que produce no tener nuestras aspiraciones y medidas en el lugar correcto.

¿Quién eres como mujer? ¿Cómo mamá? ¿Cuál es tu posición y tu creencia respecto a los asuntos difíciles de la vida? Es esencial que las mamás sepan cuál es el valor que hay en ellas desde que dan el primer paso en el matrimonio y en la maternidad. Dios nos valora y nuestras familias nos necesitan. Todas necesitamos saber en lo profundo de nuestro ser que somos una gran bendición para nuestras familias, aun cuando estas no lo reconozcan.

Si no aceptamos la maternidad como un ministerio espiritual y un gran llamado de parte de Dios, el mundo nos vencerá. En muchas ocasiones me he sentido como si fuera invisible por el hecho de que no tengo un trabajo fuera de la casa. Creo que otros pensaban que lo que yo hacía no era de gran valor. Pero como dice el dicho: «Lo que uno ve depende de dónde uno esté parado». Si estamos parados al lado de nuestro Padre celestial, aprenderemos a ver las cosas como él. Veremos la eterna importancia del rol que nos ha encomendado como mamás.

Si no sentimos que tenemos un propósito más grande y un sentimiento de pertenencia, estaremos en constante lucha en nuestro rol de mamás en medio de una sociedad en la cual una carrera profesional y la actualización son virtudes preeminentes. Nos irritaremos ante los sacrificios que la maternidad demanda. Este siglo veintiuno es muy confuso para muchas mamás, especialmente para las jóvenes. Nuestra cultura nos dice a las mujeres que tenemos derecho a nuestra propia felicidad, incluyendo mi carrera profesional, mi cuerpo, mi café con leche, mis ejercicios, etc., etc. Pero, cuando tenemos hijos, el sacrificio forma parte del paquete. Cuando podemos comprender que nuestras vidas tienen sentido en una perspectiva eterna, entonces nosotras las mamás podemos recibir una visión que nos ayudará a mantener la mirada fija en la meta, aun cuando se presenten las luchas.

EL SENTIDO DE PERTENENCIA Y LA GRAN MULTITUD DE TESTIGOS

Las generaciones anteriores se enfrentaban con la supervivencia, pero creían que pertenecían a una esfera espiritual. Tanto los hombres como las mujeres comprendían cuál era su posición en la sociedad, sabían que tenían una conexión con lo divino. Su consuelo estaba basado en su creencia de que la existencia en esta tierra era parte integral del gran plan de Dios. Poder ver esta vida como preparación para la eternidad cambia totalmente la dinámica de nuestra existencia. El hecho de crecer en una generación secular en lo que respecta a la espiritualidad, nos empobrece a todos, incluyendo a nuestros hijos. Creo que muchos de nosotros erróneamente miramos con pena a las generaciones anteriores.

Las comodidades modernas y la riqueza no nos conducen a adorar a Dios; es más, pueden distraernos. El gran matemático Pascal notó que hay un vacío en el corazón de cada ser humano que solo Dios puede llenar con su Hijo: Jesucristo. Hallaremos significación cuando nuestros corazones, vacíos, se llenen de Dios. Nuestro ministerio como mamás preparará el camino para que nuestros hijos hallen la misma satisfacción.

En la epístola a los Hebreos 11 y 12, Pablo le ruega apasionadamente a los cristianos, que padecían persecuciones brutales, que recuerden que los cristianos somos parte de una «grande nube de testigos» (12.1, RVR1960). A esos hermanos y hermanas los metían en las cárceles y, además, los torturaban y los mataban por causa de su fe. Ellos necesitaban fortaleza espiritual ante tal sacrificio. El hecho de recordar que los cristianos pertenecemos a Dios y el uno al otro, nos da fortaleza. Las mamás tenemos que aferrarnos a esos recordatorios ya que con frecuencia nos sentimos acosadas en tiempos de dificultad y estrés. Pertenecemos a una línea larga de hermanos fieles que se extiende hasta Abraham y aún más. Esa «gran nube de testigos» ha crecido enormemente en los últimos dos mil años, y están animándonos. Pertenecemos a esta familia celestial, y ahora nos toca a nosotros impactar a esta generación para la gloria del reino de Dios.

Dios no nos rechaza a nosotros, sus hijos. Así que no debemos permitir que el rechazo forme parte del futuro de nuestros hijos. Es imprescindible que les demos la seguridad que una familia estable provee, sin importar cuál sea nuestra circunstancia en particular. Las mamás solteras enfrentan situaciones que las casadas no pueden ni imaginar, pero es menester que la estabilidad sea el enfoque principal.

Mi padre solía decir que los niños son las criaturas más conservadoras del mundo; creo que hay mucha sabiduría en ese dicho. A los chicos les gusta lo que saben y a quien conocen ya que eso les da un sentido de seguridad y comodidad. Los indicadores mundanos del éxito no son una fuente de paz y seguridad para nuestros hijos. Saber que pertenecen, pase lo que pase, es lo que nuestros hijos valoran y necesitan. La pertenencia les da aquello que necesitan para soportar las tormentas de la vida. Con esa misma importancia, les hará sentir que sus vidas tienen significación y sentido. Ellos han sido creados para hacer algo único y especial en esta tierra que solo ellos pueden hacer.

Medita en lo siguiente

La Palabra de Dios

Más valen dos que uno, porque obtienen más fruto de su esfuerzo. Si caen, el uno levanta al otro. (Eclesiastés 4.9–10)

Pero ustedes son linaje escogido, real sacerdocio, nación santa, pueblo que pertenece a Dios, para que proclamen las obras maravillosas de aquel que los llamó de las tinieblas a su luz admirable. (1 Pedro 2.9)

Pero el amor del SEÑOR es eterno y siempre está con los que le temen; su justicia está con los hijos de sus hijos, con los que cumplen su pacto y se acuerdan de sus preceptos para ponerlos por obra. (Salmos 103.17–18)

Palabras de los autores

«Si no aceptamos la maternidad como un ministerio espiritual y un gran llamado de parte de Dios, el mundo nos vencerá».

Evalúa

1. ¿Qué tan fuerte es el sentido de pertenencia en tu familia? ¿Por qué razón? ¿Qué podrías hacer para fortalecer lo que sabes de esa realidad?

2. ¿Te ves a ti misma como el ministro de Dios para tu familia? ¿Crees que este es un rol importante en el reino de Dios? ¿Por qué?

3. ¿Cuáles son las maneras prácticas con las que podrías forjar un sentido de pertenencia en tu familia? ¿Disciplinas espirituales? ¿Tradiciones de fiestas especiales? ¿Diversión familiar?

4. ¿Sientes que tu matrimonio es una relación de pacto (Te amaré pasé lo que pase) o un contrato (Yo haré esto si tú haces lo otro)? ¿Por qué? ¿Cómo se siente tu esposo? ¿Por qué? ¿Te gustaría que eso cambie? Si tu respuesta es sí, ¿cómo lo harás?

5. ¿De qué manera afecta a tus actitudes y tu comportamiento como mamá el saber que perteneces a la familia de Dios?

Resumen

Pertenecer a una familia es de suma importancia para el desarrollo de la identidad y la seguridad de nuestros hijos. El mundo puede ser un lugar caótico e incomprensible para ellos, pero la estabilidad que les proveemos cuando entran por la puerta de nuestro hogar servirá como una defensa que no los defraudará.

Tres

La importancia de una visión:
familias prósperas

¿Están comprometidos tu esposo y tú con una visión en común para su familia? No me refiero a los detalles de las próximas vacaciones ni a qué tipo de auto van a manejar. La frase: «El diablo está metido en los detalles» es muy reveladora, ya que él es quien quiere que nos enfoquemos en los detalles: pequeñas rupturas, diferencias en cómo enfrentamos las cosas y la rutina diaria. Aun cuando la gran visión sea clara, los detalles de la vida que nos frustran pueden empañar el cuadro en general. La visión familiar es un llamado a algo más grande que nosotros mismos. El diablo quiere que nos enfoquemos en los detalles pequeños e insignificantes de la vida porque quiere que seamos gente pequeña que críen hijos para que lleven una vida pequeña y estancada.

Proverbios 29.18 nos dice: «Cuando no hay visión, el pueblo se desvía» (RVC). De igual manera, una familia que no comparte una visión para su futuro corre el riesgo de perecer con el tiempo. Mi esposo y yo estamos consagrados uno al otro, a nuestros hijos y a nuestra fe.

Compartimos una visión en común para el futuro de nuestra familia. Esta visión nos ayuda a capear los temporales por los cuales pasan todas las familias. Nos ayuda a darle prioridad a nuestro compromiso mutuo y para con nuestros hijos; nos motiva a no desanimarnos totalmente cuando alguien comete un error. Gregory y yo hemos decidido aceptar tanto los éxitos como los fracasos de la vida; por medio de esta visión nos hemos puesto de común acuerdo, porque el Antiguo Testamento nos enseña: «¿Pueden dos caminar juntos sin antes ponerse de acuerdo?» (Amós 3.3). El mismo Jesús nos dijo: «Si una familia está dividida contra sí misma, esa familia no puede mantenerse en pie» (Marcos 3.25).

En este punto, en tu vida familiar, ¿tienes la misma visión general para el futuro de tu familia que tu esposo? ¿Alguna vez han hablado de esta pregunta tan importante? ¿Y tus hijos, especialmente si tienen más de doce años? Ellos están desarrollando una visión para sus propios futuros con o sin tu ayuda; ¿Saben tus hijos cuál es tu visión familiar? ¿Sabes cuál es su visión personal? Una visión en común es una fuerza poderosa de unidad para una familia. Les ayuda a pasar juntos los tiempos difíciles. La visión familiar les recuerda a sus miembros lo que es verdaderamente importante y lo que no lo es. Opera como un agente que une y como una red de seguridad.

En nuestro rol de mamás, ¿cómo podemos establecer una visión familiar a la cual se acojan todos los miembros de nuestra familia? Es crucial que nuestro esposo esté totalmente de acuerdo. Él ha sido llamado a ser el siervo líder de la familia, pero quizá sea necesario que tú seas la iniciadora. Lo cierto es que establecer una visión en común para el futuro de tu familia puede iniciarse contigo.

Entonces, ¿cuál es la visión de tu familia? En otras palabras, ¿cómo quieres que sea tu familia de aquí a diez, veinte, treinta años? ¿Qué es lo que tú, como colíder de tu familia, estás haciendo para asegurarte de que lleguen juntos a la meta?

Es posible que no hayas pensado en una visión para el futuro de tu familia. O quizá tienes una pequeña visión, pero no la has compartido con tu esposo y tus hijos. Eso es algo común, es más, son pocas las familias que comparten una visión familiar. La mayoría de ellas tienen un plan financiero, muchas planean con anticipación el futuro de la educación de sus hijos. Eso tiene sentido, ya que en este mundo no se logra nada importante por casualidad. Ninguna gran obra de arte literaria fue creada por accidente. «El tiempo y la suerte», para bien o para mal, tienen un rol en toda la humanidad (Eclesiastés 9.11, LBLA). Pero no hay ningún logro humano importante, de cualquier índole, que no haya comenzado con una visión y un plan.

Una visión familiar es un plan de acción, basado en creencias y esperanzas en común, que muestra hacia dónde quieren llegar como familia. Eso le da solidez a las creencias que tienen como familia; y expresa bien las metas y aspiraciones que todos comparten. Al final del capítulo voy a compartir contigo la noble visión de la familia Slayton. Esta es nuestra visión, cada familia debe desarrollar la suya. La mitad del beneficio se encuentra en trabajar juntos en ella y la otra mitad está en verla cumplida por la gracia de Dios.

Una visión en común para el futuro de tu familia

La visión, en las buenas y en las malas, hace que la familia siga avanzando junta. Nos ayuda a mantener la mirada en la meta final. Así mismo, una visión en común ayuda a que las familias tengan éxito. Una visión en común le da a cada miembro de la familia una sensación de que pertenece a algo más grande. Eso es valioso especialmente en los períodos de estrés. La visión familiar en común nos ayuda a no rendirnos y desanimarnos con nosotros mismos y con los demás.

La visión familiar no se forja en un solo día, pero es algo que puedes comenzar hoy. Con el tiempo puedes establecer la visión de cómo quieres que tu familia sea en el futuro. Luego puedes compartirla con tu esposo y tus hijos y preguntarles qué opinan. Recuerda, es importantísimo contar con la opinión de todos, para que sea una visión familiar en común.

Un detalle interesante respecto a una visión familiar es que, a pesar de que pueda ser sumamente importante para la felicidad y satisfacción de la familia a largo plazo, no es algo en lo que la mayoría de las parejas inviertan tiempo. Una visión en común puede marcar la diferencia en cuanto al resultado, salvar a tu familia o partirla en pedazos, cuando vengan los momentos difíciles que les llega a toda familia. Esta es la razón por la cual debes establecer una visión familiar clara que todos compartan. Hay muchas cosas que compiten por tener un lugar prioritario. Una visión familiar en común sirve para mantener a la familia enfocada en aquello que es verdaderamente importante en la vida y no en lo que no lo es. Esto puede ser lo que marque la diferencia de aquí a veinte o treinta años entre tener una familia feliz y un montón de sueños rotos.

SIN UNA VISIÓN LA FAMILIA PERECE

Los suicidios son el final de las familias destrozadas. Y entre los adolescentes están batiendo récord. El suicidio es la tercera causa principal de la muerte de chicos entre los quince a los veinticuatro años de edad y la cuarta entre los diez y los catorce.[1] ¿Por qué se quitan la vida los chicos? Los factores son muchos, por supuesto, hay algunos que van más allá del control familiar. Lo que nosotros podemos controlar es el sentido de valor y de pertenencia que podemos darles a nuestros hijos, mostrándoles que tienen un rol integral en nuestra familia y en la comunidad, como también en la familia de Dios. Es de suma importancia que sepan que han sido creados para jugar un papel clave en este mundo, aunque tengan que lidiar con la realidad de que ni ellos ni nosotros somos el centro del universo.

Uno de los compañeros de clase de la escuela secundaria de nuestro hijo se suicidó. Bob llegaba a casa después de la escuela y no tenía mucho qué hacer. Sus padres se habían divorciado, ambos estaban sumamente ocupados con su trabajo a tiempo completo y sus nuevas parejas. Bob tartamudeaba y era el centro de burla en el colegio por su trastorno del habla. La familia estaba conmovida y sus compañeros sabían lo que estaba pasando. Bob se sentía totalmente solo en sus sufrimientos. Nuestro hijo fue víctima de acoso [*bullying*] en una escuela particular en Bermuda, lo que ha hecho que tenga un sexto sentido y sienta compasión por aquellos que se encuentran en la misma situación. Aunque era muy raro que sus horarios coincidieran, nuestro hijo se esforzaba por incluir a Bob cuando tenía la oportunidad de hacerlo. Bob realmente era un chico solitario. No tenía un deporte o una actividad musical después de la escuela. Por muchos años pasaba la mayoría del tiempo solo en casa. Estaba solo en las horas después de la escuela, horas que son importantísimas para los adolescentes.

Bob se sentía confundido y desubicado en un hogar extraño con un padrastro, hermanastros nuevos y una mamá ocupada que no pasaba mucho tiempo en casa. Los adultos que estaban a su alrededor se enfocaban en el hecho de que él era «funcional». Iba a la escuela con regularidad, se podía contar con que estuviese en casa después de la escuela y no se estaba metiendo en grandes problemas. Sus padres decidieron creer que todo iba bien. Quizás ni se habían enterado del acoso; ya que a los adolescentes no les gusta compartir con sus padres los momentos dolorosos. Si hubiesen prestado más atención, se hubieran dado cuenta de que su hijo tenía problemas y que necesitaba de su ayuda. Bob no tenía una visión para su vida dentro de su familia ni fuera de ella. Los adolescentes necesitan tener una visión, saber de dónde vienen, a dónde van y qué pueden lograr. La visión de vida es una gran parte del legado

COMO SER LA MEJOR MAMÁ

que los hijos reciben de sus padres. El suicidio de Bob es una tragedia. Fue resultado de una vida sin pertenencia y sin visión.

La visión familiar ayuda a los padres a crear una forma de ver la vida que provee a sus hijos la sensación de que tienen un lugar y un propósito en ella. Deseamos que nuestros hijos sepan que son parte integral de la familia, con un rol que solo ellos pueden cumplir dentro la familia. Mantener la comunicación con nuestros hijos para hablar del propósito y del plan de la familia ayuda a proporcionarles un sentido de que tienen un rol en la vida, de que esta es valiosa y de que son parte de algo más grande que ellos. A medida que crecen podrán añadir sus ideas para ir formando la visión familiar. Más adelante desarrollarán su propia visión familiar, un proceso que se les hará más fácil si han tenido la experiencia de vivir en una familia que tiene una.

CÓMO ESTABLECER TU VISIÓN FAMILIAR EN COMÚN

Tú y tu esposo deben tomar unos minutos para comenzar a desarrollar una visión familiar en común. No es difícil; es muy divertido. Les hará recordar por qué querían ser una familia y qué es lo que les espera en el futuro. Cualquiera que sea el punto en que se encuentren como familia, una visión familiar en común será de gran ayuda. Si tú y tu esposo están esperando su primer bebé, este es el momento perfecto para asegurarse de que comparten una visión para el futuro de sus familias. Si tus hijos están a punto de entrar a la universidad o de empezar a trabajar, aun si ya han dejado el nido, una visión familiar en común puede ayudarles a desarrollar una idea en común de qué es lo que les gustaría ver en la familia cuando crezca, incluyendo a los nietos.

A continuación hay cinco preguntas para ayudarte a establecer una visión familiar en común. Responde cada una pensando dónde te gustaría estar dentro de diez, veinte y treinta años:

1. ¿Qué tipo de relación te gustaría tener con tu esposo dentro de diez, veinte y treinta años? ¿Cómo quieres interactuar y relacionarte con él? ¿Cómo quieres que sea tu matrimonio? ¿Qué desearías que él diga de ti como esposa y mamá?

2. ¿Qué clase de padres quieren ser tú y tu esposo? ¿Qué quieres que tus hijos recuerden de su vida familiar juntos cuando sean adultos? ¿Cómo te gustaría que describan su niñez?

3. ¿Cómo quieres que sean tus hijos cuando sean adultos? ¿Cómo quieres que tus hijos se relacionen con sus propios cónyuges e hijos? ¿Qué clase de esposo o esposa, papá o mamá, quieres que sean tus hijos?

4. ¿Cómo quieres que tus hijos se relacionen entre ellos en el futuro y con sus familias? ¿Cómo quieres que se relacionen contigo y tu esposo en el futuro? ¿Qué tipo de relación esperas tener con ellos cuando sean adultos?

5. ¿Cuáles son los valores centrales que ayudan a mantener unida a tu familia? ¿Qué es para ti lo más importante en la vida? ¿De qué manera vas a cultivar una fe en común, y cómo ayudará ella para que tu familia se mantenga unida?

Una vez que hayas respondido estas preguntas, tendrás un bosquejo básico de tu visión familiar. No tienes que responder estas preguntas en este mismo momento, pero te animo a que tomes un lapicero o tu laptop y escribas todas las respuestas que puedas. No te tomará mucho tiempo, y al hacerlo darás inicio a un proceso importante que puede tener un gran impacto en tu futuro.

Cuando hayas escrito tus respuestas, toma tiempo para meditar en ellas, por favor; refínalas y luego compártelas, primero con tu esposo y, cuando ambos estén listos, compártanla con sus hijos. Pueda que quieras contársela a una buena amiga o a una consejera espiritual. Con el tiempo añade otras frases relacionadas con tus respuestas para que sea una declaración completa y no solamente cinco respuestas diferentes. Poquito a poco irás creando tu propia visión familiar.

No te preocupes de que no sea perfecta. Escribe un borrador primero, no importa si no es tan refinado, habrás avanzado la mitad del camino por lo menos. Las grandes historias se escriben por una razón: la palabra escrita perdura. Dios le dio a Moisés los Diez Mandamientos por escrito porque la palabra escrita tiene el poder de permanecer, y tiene poder para guiar. Poner por escrito una visión familiar será una conversación importante que tendrás con tu esposo, con el Señor y con tu familia.

INCLUYE A TU FAMILIA

Debes crear una visión para toda tu familia, no solo para ti. Así que, te doy una sugerencia. Invita a tu esposo a comer a un restaurante especial y pídele que te dé sus ideas, y posteriormente su interés. La visión familiar no funciona sin la participación absoluta de tu esposo, así que recibe su aporte desde el comienzo. Dicho sea de paso, si no tienes esposo, la visión familiar que puedas compartir con tus hijos puede ser una herramienta poderosa también. No deseches la idea si eres soltera, a pesar de ello, la visión es vital para tu familia.

Una vez que tengas por escrito una visión familiar en común, es necesario sostener una reunión familiar. Preséntales la visión a tus hijos de manera que la puedan entender. Debe ser de acuerdo a su edad para que tenga efecto. Habla con ellos y ve si tienen alguna sugerencia o algún cambio. Cada hijo tiene un rol importante en el proceso de hacer que la visión familiar se haga realidad. Si los chicos tienen buenas ideas que puedan ayudar a que la familia se fortalezca, asegúrate de incluirlas. Los resultados de esa reunión pueden ser sorprendentes. Es probable que la conversación no sea de lo más fácil si tienes adolescentes, ese fue nuestro caso. Cualquiera que sea la situación, el hecho de presentarles la visión familiar a tus hijos y pedirles su opinión, será de gran ayuda para asegurarse de que ellos sean parte de ese esfuerzo. Si compartes y hablan acerca de la visión familiar con amabilidad y un poco de humor, la familia se unirá más.

Una vez que todos estén de acuerdo con la visión familiar, el último paso es ponerla por escrito y hacer que todos la firmen. Si fuese posible, busca a alguien que escriba bonito y luego ponla en un marco. Ponla en un lugar donde toda la familia la pueda ver siempre. Ten una reunión familiar, por lo menos dos veces al año, para evaluar: «¿Cómo estamos con nuestra visión familiar?». Mantén la visión en la mente de tu familia, que no se desvanezca y pase a un segundo plano. Es probable que con el tiempo tu visión familiar tenga que ser modificada, pero el hecho de que está claro que ella es una prioridad familiar, resultará beneficioso en muchas formas a lo largo del camino. Será de gran ayuda para cada miembro de la familia de modo que pueda entender hacia dónde se dirigen como equipo y a dónde quieren llegar.

La visión familiar es de mucho valor, especialmente en los momentos difíciles. Sirve como un pegamento cuando el camino por delante no es tan claro y es poco gratificante. De hecho, sin un liderazgo efectivo aun la visión más noble no es nada más que un sueño, pero tu familia puede perseverar y tener un futuro hermoso si cuenta con un verdadero liderazgo servicial y una visión familiar en común.

Nuestra visión familiar nos ha ayudado en muchas áreas importantes. Una de las más críticas ha sido en ayudarnos a romper las malas elecciones que han existido en nuestras familias. Como hablaremos en el capítulo siguiente, la mayoría de nosotros luchamos en las mismas áreas en que nuestros padres tuvieron dificultades. En la familia de mi esposo, por ejemplo, el alcoholismo, el adulterio y la bancarrota han estado tras las últimas cuatro generaciones. De modo que ha sido de suma importancia que nosotros nos convirtamos en un muro ignífugo generacional, que les permita a nuestros hijos liberarse de esos patrones generacionales e ir más allá de lo que nosotros hemos logrado, con la sabiduría y madurez del Señor. El hecho de tener una visión familiar en común nos ha ayudado a lograrlo.

Tal como lo había prometido, quiero compartir contigo nuestra noble visión familiar. Vuelvo a repetir, no pienses que este es un modelo perfecto, pues no lo es. Y que nuestro Padre celestial te ayude a ti y a tu familia a que se cumpla tu visión familiar.

La noble visión familiar de los Slayton

Somos, y nos esforzaremos por ser, una familia que sirve al Señor, que sirve uno al otro, así como al bien de nuestra comunidad. A medida que crezcamos juntos, haremos lo que sea necesario para preservar y profundizar los lazos que nos unen, lazos de fe y de sangre, de amor y gozo. Nos trataremos mutuamente con amabilidad, creyendo siempre lo mejor de cada uno. Nos daremos el beneficio de la duda y nos defenderemos el uno al otro en las buenas y en las malas, a pesar de lo que venga.

Nosotros los padres, pondremos el carácter, el bienestar y el futuro de nuestros hijos y nietos por encima de nuestras necesidades y deseos. Nos esforzaremos a favor de ellos y oraremos por ellos continuamente. Que Dios nos ayude a ser los mejores padres que podamos.

Nosotros, la generación más joven, nos comprometemos a tener vidas íntegras, valerosas y honrosas. Estamos conscientes de que para lograrlo vamos a necesitar la ayuda de Dios, así que vamos a seguir buscando su bendición y su guía en todo lo que hagamos. Nuestros cónyuges serán personas solidas en la fe, que abunden en amor y de profunda sabiduría. Criaremos a nuestros hijos en el amor y la sabiduría del Señor, tal como nuestros padres se han esforzado por hacerlo con nosotros. Y vamos a hacer todo lo que esté a nuestro alcance para fortalecer y profundizar los lazos familiares en las generaciones venideras, aunque tengamos que cruzar muchas millas y zonas horarias.

Una vez casados, no nos vamos a divorciar. Honraremos el ejemplo que nuestros padres nos han dejado: hablar de las cosas en que no estemos de acuerdo, orar con diligencia el uno por el otro y servirnos mutuamente como Cristo mismo nos ha servido. Tendremos nuestra propia noble visión familiar, que será un poco diferente a esta. Pero nos esforzaremos por pasarles a nuestros hijos los elementos fundamentales que nuestros padres nos dieron a nosotros, como el amor, la fe, el gozo y la paz que son resultado de una familia feliz y de las bendiciones del Dios Todopoderoso.

En el futuro, seguiremos honrando a nuestros padres, cuidando de ellos como ellos lo hicieron con nosotros cuando éramos pequeños. Ellos no nos dejaron con niñeras ni nos mandaron a escuelas internas. Así que no los dejaremos en hogares para ancianos ni en otra institución[...] pase lo que pase.

Dios santísimo, ayúdanos a cumplir esta visión, pase lo que pase. Danos el valor, la sabiduría y el amor necesarios para construir una familia sólida y feliz. Que en el futuro podamos mirar hacia atrás desde el cielo a la vida que pasamos juntos y podamos sentir gozo y una dulce satisfacción al saber que corrimos bien nuestra carrera.

Medita en lo siguiente

La Palabra de Dios

Donde no hay visión, el pueblo se extravía; ¡dichosos los que son obedientes a la ley! (Proverbios 29.18)

No las esconderemos de sus descendientes; hablaremos a la generación venidera del poder del SEÑOR, de sus proezas, y de las maravillas que ha realizado. Él promulgó un decreto para Jacob, dictó una ley para Israel; ordenó a nuestros antepasados enseñarlos a sus descendientes, para que los conocieran las generaciones venideras y los hijos que habrían de nacer, que a su vez los enseñarían a sus hijos. Así ellos pondrían su confianza en Dios, y no se olvidarían de sus proezas, sino que cumplirían sus mandamientos. (Salmos 78.4–7)

¿Pueden dos caminar juntos sin antes ponerse de acuerdo? (Amós 3.3)

Palabra de los autores

«No hay ningún logro humano importante, de ninguna índole, que no haya comenzado con una visión y un plan. La visión familiar es un plan de acción basado en creencias y esperanzas en común, que muestra hacia dónde quieren llegar como familia. Ello le da solidez a las creencias que tienen como familia y expresa bien las metas y aspiraciones que todos comparten».

Evalúa

1. En una escala en la que en un extremo se encuentra una familia sólida y saludable, y en el otro una familia completamente destrozada, ¿dónde se encuentra la tuya? ¿Hacia qué dirección van? ¿Por qué?

2. ¿Crees que Dios puede ayudarte a ti y a tu familia a que vayan en la dirección correcta? ¿Por qué?

3. ¿Te ves tú como una líder, la que comunica la visión, para tu familia? ¿Les has comunicado a ellos la visión que tienes para tu familia?

4. ¿Tienen tu esposo, tú y tus hijos, una visión familiar en común? ¿Hablan de ella de tiempo en tiempo? ¿Es algo real en tu vida familiar? ¿Por qué?

5. Si no tienen una visión familiar en común, ¿usarás las cinco preguntas de la página 35 para crear una visión familiar en común? Si no lo vas a hacer, ¿por qué?

Resumen

Aun políticos como Bill Clinton citan el versículo «Sin visión el pueblo perece», porque no podemos avanzar si no tenemos una meta y una estrategia para llegar a donde queremos. Establecer una visión para toda la familia reforzará el sentido de pertenencia y de identidad en nuestros hijos. Del mismo modo, la visión familiar señala el camino a seguir, especialmente en los momentos difíciles de la vida.

Cuatro

Cómo romper maldiciones generacionales: la integridad es posible

La vida de Kara comienza con una historia difícil. Sus padres se divorciaron y no había ayuda financiera por parte de su papá; es más, tenía nueve años la última vez que lo vio. Su mamá era alcohólica y se interesaba más en los hombres que en cuidar de ella. Creció sintiendo que no tenía estabilidad. De modo que cuando cumplió los dieciocho años, Kara se mudó a otro estado. Trabajó duro para alcanzar el éxito y se esforzó de la misma manera por negar su pasado. Les mintió a sus amigos, compañeros de trabajo y aun a su propia hija acerca de su pasado. Tanto su primer matrimonio, como el segundo, terminaron en divorcio, y vio cómo se repetía la historia en la vida de su hija.

Sin poder hacer mucho, Kara veía que a su hija le iba mal en la escuela, andaba tras los muchachos, y lo que más le dolía era que se alejaba más de su mamá. Kara misma dependía más y más del alcohol. Pero sabía que ni ella ni su hija podían continuar así. Su trabajo le proporcionaba un lugar de descanso, ya que no tenía que hablar con nadie de asuntos personales. Sentía que su tiempo en la oficina era un oasis. Le irritaba que una compañera de trabajo, que recién había aceptado a Cristo, le hablara con insistencia del evangelio. A la hora de almuerzo se sentaba por otro lado para no tener que hablar con Mary. Sin embargo, un día, Kara no pudo seguir negando sus sentimientos de desesperación. De modo que vio a Mary en la cafetería del negocio y a propósito se sentó al lado de ella. Le preguntó acerca de la iglesia de Mary. Ese domingo, Kara y su hija, muy reacia, fueron a la iglesia. Así es como comienzan los años de la odisea de reconciliación y redención de sus vidas. Kara dejó de enmascarar su dolor con el alcohol y recibió consejería. Su hija encontró el significado y la aceptación que había estado buscando en el grupo de jóvenes. Una de las áreas de sanidad más importante que Kara pudo sentir fue el ser liberada de la vergüenza con la que había crecido. Vergüenza de no tener un padre a su lado; vergüenza de que su mamá era una borracha; vergüenza de no poder mostrar un lindo cuadro de su niñez. Así que recibió liberación de las maldiciones generacionales que habían estado hundiendo su vida.

La sanidad más profunda en la vida de Kara fue en el área del rechazo. Debido a que había sido rechazada por sus padres, ella los rechazó tanto a ellos como a los esposos que tuvo. Pero Dios no rechaza a los quebrantados; es más, ella pudo entender claramente que la aceptación es uno de los ministerios principales de Jesús. Cristo mismo dijo:

El Espíritu del Señor está sobre mí, por cuanto me ha ungido para anunciar buenas nuevas a los pobres. Me ha enviado a proclamar libertad a los cautivos y dar vista a los ciegos, a poner en libertad a los oprimidos. (Lucas 4.18)

Este es el cumplimiento de Isaías 61.1. Jesús vino a sanar a Kara y a liberarla de las maldiciones que habían perseguido a las mujeres de su familia por generaciones. Dios no abandona a los quebrantados, por el contrario, a través de su amor sanador nos da el poder para seguir adelante sin cargar un sentimiento de vergüenza y derrota.

CÓMO ROMPER MALDICIONES
GENERACIONALES

Es nuestro deber proteger a nuestros hijos, con la ayuda de Dios, rompiendo los ciclos de quebranto que hemos heredado de generaciones pasadas. Ya sea que lo llamemos predisposición genética o una transferencia intergeneracional, la mayoría de nosotros tenemos la tendencia a padecer y repetir las peores tendencias de nuestros antepasados. Gregory y yo hemos tenido que observar ese asunto de patrones generacionales desde un ángulo espiritual, para evitar repetir los mismos problemas destructivos en nuestra propia familia. Jesús es el único que puede romper las maldiciones generacionales, tal como está escrito en el gran capítulo profético en Isaías 53:

> Ciertamente él cargó con nuestras enfermedades y soportó nuestros dolores [...] Él fue traspasado por nuestras rebeliones, y molido por nuestras iniquidades [...] y gracias a sus heridas fuimos sanados. (vv. 4–5)

Solamente a través del poder de Cristo es que podemos experimentar sanidad de las maldiciones generacionales, pero debemos andar en obediencia y borrar de la memoria aquellas tendencias que hemos aprendido de nuestros padres. Por medio de la oración y el discernimiento permitimos al Espíritu Santo que ministre a nuestras heridas más profundas. Al no dialogar con la tentación y caminar de acuerdo a la santidad, le damos paso al poder redentor de Dios en nuestras vidas.

Muchas de las personas en las generaciones de nuestros padres y abuelos, suponían que la cultura y la tradición de sus familias y de la sociedad, les darían la habilidad para criar una familia funcional. Eso quizás haya sido una realidad en culturas antiguas profamilia; pero no funciona para la mayoría de las familias de hoy. En la actualidad, ya no existen las tradiciones sólidas de la cultura judeocristiana, que ayudaron a nuestros abuelos a criar a sus familias. Nuestra sociedad ya no pone énfasis en la moralidad ni en la ética que nuestros hijos necesitan para tomar decisiones sensatas.

Como resultado, es muy probable que las maldiciones generacionales sean más prevalentes hoy que en las generaciones pasadas. Pero con la dirección y la ayuda del Señor, esas tendencias generacionales destructivas pueden cambiar para siempre. El primer paso para sanar los patrones de comportamiento del pasado es una decisión consciente de los padres, por medio de la oración y del discernimiento, de hacer las cosas de una manera totalmente diferente. Mi esposo y yo, tomamos la decisión de que había ciertas disciplinas que íbamos a tener que incorporar a nuestras vidas para poder llegar a ser un muro ignífugo generacional para nuestros hijos. Y aunque no hemos perfeccionado ninguna de ellas, nos han ayudado tremendamente a nosotros y también a nuestros hijos en casos grandes y pequeños.

Hay ciertos pasos que son necesarios para alcanzar su gracia. Comencemos por el primero. Debemos arrepentirnos de nuestros pecados y pedirle al Señor Jesús que nos limpie con su sangre. Es imprescindible reconocer nuestros pecados, admitir que el pecado existe y que somos pecadores. He reconocido que podía recibir salvación solo a través de la redención de Cristo. Con el transcurso del tiempo he tratado de llevar todas mis cargas a la cruz, porque he llegado a entender de que solo a sus pies podría recibir la hermosa promesa de Jesús: «Venid a mí todos los que estáis trabajados y cargados, y yo os haré descansar» (Mateo 11.28, RVR1995).

Con los años, Jesús me ha liberado cargar la falta de perdón, la ira y la amargura. Él puede hacer lo mismo por ti y tu familia. También debo reconocer que en su misericordia, Jesús, no nos revela de golpe todas las cargas que llevamos. Con el correr del tiempo, las capas aparecen poco a poco y nosotros podemos dejárselas a Dios. La humildad, la honestidad y la sinceridad con Dios son esenciales para poder sanar.

Es imprescindible que reconozcamos nuestras fallas y nos arrepintamos de ellas. No podemos pasarnos el resto de nuestras vidas culpando a los demás, aun a aquellos de quienes hemos heredado esas tendencias. Debemos asumir la responsabilidad de nuestros propios problemas. A medida que avanzamos debemos hacer todo lo posible por caminar a diario en obediencia a las Escrituras y crecer en el fruto del Espíritu: «amor, alegría, paz, paciencia, amabilidad, bondad, fidelidad, humildad y dominio propio» (Gálatas 5.22–23). Estos son realmente dones poderosos. El Espíritu Santo es el arma secreta que debemos usar si queremos obtener la victoria contra los problemas profundos y complejos que se han acumulado por generaciones. El Espíritu Santo nos ayudará cuando le pidamos humildemente que nos ayude, y cuando obedezcamos su Palabra y su guía.

La consejería cristiana profesional puede ser de gran ayuda. A mí me ha bendecido mucho. Mi consejera y yo trabajamos juntas para reconocer las maldiciones generacionales con las cuales yo había estado luchando por tanto tiempo. Ella me ayudó a que las pudiera entender mejor y también me ayudó a entregárselas a Dios. Con el tiempo, eso me ayudó a experimentar una verdadera libertad, lo cual ha sido una gran bendición para mí y para mi familia. Pero hay que tener cuidado, hay muchos charlatanes que se hacen pasar por consejeros. De ahí que es de suma importancia ser parte de una comunidad sólida de mujeres sabias que puedan dar consejo sabio.

LA MALDICIÓN GENERACIONAL DEL FAVORITISMO

El favoritismo ha existido desde el comienzo de los tiempos. En la Biblia, estudiamos las vidas de Abraham y Sara, Ismael e Isaac, Isaac y Rebeca,

Jacob y los hijos de sus esposas y los de sus concubinas. Cada generación escogió un hijo diferente al cual favorecer y engreír. Como resultado directo, ese rechazo, la envidia y la amargura, envenenaron a múltiples generaciones. En el libro publicado recientemente titulado: *The Sibling Effect* [El efecto que causa el tener hermanos], el autor afirma que setenta por ciento de los papás y sesenta y cinco por ciento de todas las mamás dan muestras de favoritismo.[1]

El poder del Espíritu Santo nos liberó a Gregory y a mí de la maldición del favoritismo, algo que se ha generalizado y ha sido muy destructor en ambas familias. Si alguien nos preguntase a mi esposo y a mí, cuál es la fortaleza más grande de nuestra familia, ambos diríamos, sin dudar, que es el amor que nuestros hijos tienen el uno por el otro. El poder sanador y perdonador de Dios nos ha permitido transformar los patrones familiares antiguos, y su amor ha abierto el camino para que nuestra familia pueda desarrollar maneras más sanas de interactuar.

Nuestros cuatro hijos tienen la actitud de los tres mosqueteros: «uno para todos, todos para uno». No hay tensión cuando están juntos. No compiten entre ellos, ni les causa celos el éxito de los otros. Les encanta pasar tiempo entre ellos y nada les hace más felices que las vacaciones familiares. Puesto que hay problemas de rivalidades entre los hermanos en nuestras familias, causados por el favoritismo de nuestros padres, este es un milagro que no lo damos por sentado. Reconocemos que es una obra del Espíritu Santo en la vida de nuestros hijos, lo cual es hermoso.

El papá o la mamá que decide honrar a un hijo más que a los demás está poniendo en marcha un choque de tren. El hijo desfavorecido le tendrá aversión a sus padres o tendrá temor de las decisiones que tomen. El hijo favorito tampoco se beneficia. El celo corroe y un hermano celoso se vuelve una persona peligrosa.

Al ceder a la maldición del favoritismo, también le estamos negando a nuestros hijos una de las relaciones más importantes de sus vidas: la amistad y el apoyo de sus hermanos. No hay nadie como tu hermano o hermana, con quien puedas compartir recuerdos, reírte de las historias del pasado o sonreírte ante las experiencias de la niñez. Esas cualidades hacen que los hermanos sean los mejores amigos que uno haya podido tener. Digo con tristeza que esa no es una realidad con mis parientes, pero sí con mi familia, mi esposo y mis hijos. Nos hemos esforzado con diligencia para que nuestros hijos sepan que los amamos a todos de la misma manera.

Quizás el favoritismo no sea parte de tu familia lejana pero todos, comenzando con las familias más saludables, tenemos hábitos que no parecen tan malos en una generación, pero que si dejamos que se arraiguen, pueden volverse en un cáncer en la siguiente generación o la generación después de ella. Es de suma importancia que seamos honestos en cuanto a los patrones generacionales en nuestra genealogía o los malos hábitos que tú y tu esposo han adquirido recientemente. Si los reconoces y tratas con ellos con franqueza, pueden sanarse de ellos con la ayuda de Dios. De lo contrario tú o tus hijos podrían estar destinados a que estos los dominen.

SANIDAD DE LAS MALDICIONES GENERACIONALES A TRAVÉS DEL AMOR DE DIOS

Busca a Dios, si necesitas el amor y el poder para romper las maldiciones generacionales que han sido transmitidas por tus antepasados. Él tiene todo el amor y el poder que necesitas para ti y para tu familia. Él nos pide que perdonemos a aquellos que nos han herido para poder tener acceso total a su amor y su poder. Sí, tenemos que perdonar a nuestros padres y a todos aquellos que nos han fallado, en todas las áreas que sean necesarias. El perdón es una disciplina esencial clave en el proceso de la sanidad. En mi caso, la ira que tenía no era solo contra mi mamá sino también contra Dios. Le había pedido una vez tras otra al Señor que sanara mi relación con mi mamá. Con un corazón generoso, le abrí la puerta de mi casa, y todos como familia le mostramos amor y respeto. Pero aun al momento de su muerte mi mamá dejó una carta que causó un dolor profundo, en ella criticaba ni más ni menos que a Gregory. Gregory, que siempre había orado con ella y que había sido tan generoso con ella tanto en lo financiero como en lo espiritual.

¿Qué fue lo que hice con toda esa amargura? No tengo ninguna respuesta fácil, excepto que día a día me presenté ante Dios y le pedí que me dé el deseo de perdonar. El poder del Espíritu Santo es el que nos permite perdonar y ser redimidos. Él nos libera de las cargas de repetir los mismos errores de las generaciones anteriores. De hecho que tengo mis problemas, he tenido que lidiar con malos hábitos que no son fáciles de romper. Mi mamá era una gritona, por lo que no es sorpresa para nadie que yo grite cuando me enojo. Pero puedo sonreírle al futuro porque sé que Dios está usando al tiempo como mi amigo y me está sanando de mis heridas.

En mi propio proceso de sanidad, he tenido que dejar de culpar a mi mamá; en vez de ello, he tenido que aprender a perdonarla con todo el corazón. Ello me ha liberado enormemente, como si su fantasma hubiese dejado de perseguirme, y ahora puedo vivir mi propia vida. Estoy convencida de que el hecho de no culpar a alguien es tan poderoso como el mismo hecho de perdonar. Ya no tengo que culpar a mi mamá ni siento que tengo que rechazar todo mi pasado. Hay mucho de bueno que he recibido como legado por parte de mis padres, un legado que quiero pasarles a mis hijos como parte de su herencia. Esta es una verdad que no pude reconocer sino hasta que me quité las anteojeras de la falta de perdón y de la amargura.

Ahora puedo bendecir a mi mamá, lo que ha sido una tremenda liberación para mí. Puedo ver muchas cualidades positivas que ella tenía. Era una formidable cocinera y ama de casa, que cobraba vida cuando tenía visita en nuestra casa. La raíz de la palabra *visita* en el idioma eslavo y la de la palabra *Dios* es la misma. De ahí que, en la cultura de mis padres, los invitados eran como enviados de Dios. He recibido el beneficio del ejemplo de mi mamá en cuanto a abrir mi hogar a muchos huéspedes y visitantes, lo que ha sido una bendición para mi esposo y mis hijos. Muchos de sus amigos no tienen un hogar que los reciba y les dé la bienvenida. Estoy muy agradecida porque no me intimida el hecho de recibir visitas. Mi mamá también era una fuente de sabiduría, por lo cual le estoy agradecida.

Con facilidad puedo bendecir a mi padre porque él sabía lo que era el perdón y no cedió a la ira ni a la amargura. Amaba mucho a nuestra familia. Sin embargo, fue el ejemplo de mi padre —que era un buen hombre— que ante la rabia de mi mamá era totalmente impotente, lo que me ayudó a entender que podemos ser transformados solamente a través del poder de Dios. Mi padre amaba a mi mamá, pero no podía liberarla de sus demonios. Sin el poder de Dios somos indefensos ante los demonios que nos persiguen.

Todos sufrimos. No podemos ofendernos con Dios por los sufrimientos que pasamos en esta vida, pero lo hacemos. El Señor nos dice que tenemos que perdonar a aquellos que nos han herido, especialmente a aquellos que tenían la responsabilidad de cuidarnos. Jesús enfatizó cuán importante es perdonar cuando dijo en la cruz: «Padre [...] perdónalos, porque no saben lo que hacen» (Lucas 23.34). Ese es el acto más grande de perdón y comprensión. Él quiere que hagamos lo mismo.

En el caso de algunos de nosotros, nuestros padres no sabían lo que hacían, confiaron en la cultura o la tradición familiar o en Dr. Spock [el de la película *Viaje a las estrellas*]. Eso, a veces funcionaba y a veces no. No era su intención pasarnos sus fracasos y temores, pero en algunos casos lo hicieron. Debemos perdonarlos si queremos romper esas maldiciones generacionales y si queremos ver a nuestros propios hijos andar en libertad. No es por coincidencia que el Señor nos instruyó a que orásemos de la siguiente manera:

> Perdónanos nuestras deudas, como también nosotros hemos perdonado a nuestros deudores. (Mateo 6.12)

Puesto que mi mamá no está viva, nunca tendré la experiencia de que me pida perdón. Un hecho que he tenido que superar. Ella nunca podrá reconocer el dolor profundo que causó. Por lo general el proceso de sanidad se complica por el hecho de que queremos que las personas que nos han herido nos pidan perdón. Queremos que reconozcan el gran dolor que nos causaron. Debemos entregarle esos deseos a Dios, debemos perdonar y dejar de culpar, ya que la obediencia es esencial para la sanidad. Le agradezco a Dios que he encontrado un lugar de paz. He podido lograrlo por el mover del poder del Espíritu Santo en mi corazón y en mi mente.

DESILUSIONADOS CON EL SEÑOR

En Lucas 7.23, Jesús le dijo a Juan el Bautista: «Dichoso el que no tropieza por causa mía». Es importante que reconozcamos si estamos albergando falta de perdón hacia Dios. La mayoría de nosotros tratamos de apiñar esos sentimientos porque sabemos que no debemos enojarnos con Dios. Pero poner en práctica lo que sabemos no es tan fácil. En los momentos en que yo podía ser muy sincera, me di cuenta de que estaba más molesta con Dios que con mi mamá. Han pasado años en los que he sido ministrada por el Espíritu Santo para poder llegar al punto de bendecir a Dios por mi niñez. Ahora tengo paz al pensar en todo lo que pasé. Ha sido sumamente importante en mi proceso de sanidad que reconozca, ¡y que me arrepienta!, por la forma en que me sentía con Dios.

A muchos de nosotros nos cuesta admitir que estamos desilusionados con Dios en algunas áreas de nuestras vidas. Yo tuve que ponerme de rodillas, por años, para pedirle que pusiera perdón en mi corazón para perdonar a mi mamá. También le tuve que pedir que me ayudara a no sentirme ofendida por las cargas que él permitió que yo llevara cuando era niña. Dios me ayudó a entender que si bien era cierto que había creado el mundo, no había creado el pecado ni el quebranto. A pesar de todo lo que soy, todo lo que en este mundo se oponga a esta verdad, puedo confiar en él. Puedo confiar que él puede sanar. Puedo confiar que puede crear integridad en mí.

He llegado a comprender que, en el proceso de sanidad, el tiempo es mi amigo, no mi enemigo. Lo que tuve que hacer fue entregarle mi lucha a Jesús. Tal como no tengo control alguno sobre mi sanidad física, tampoco puedo controlar mi sanidad interior. En estos momentos, debido al ejemplo de mi sanidad interior, puedo ver que puedo confiar que Dios puede sanarme físicamente. Él sabe qué es lo que necesito, no se ha olvidado de que le estoy pidiendo sanidad total. Es irónico que mi travesía por mi sanidad interior me haya dado la habilidad de poder ver que Dios puede hacer todas las cosas, pero solo si le permito al Espíritu Santo que me ministre paciencia y fe. Sé que no podemos evitar la vejez y una salud frágil, y no quiero encogerme de miedo con solo pensar en lo que se viene. Pero en estos momentos tenemos a un jovencito que tiene que terminar la escuela primaria y la secundaria, y estoy rogando por una sanidad total. Gracias a Dios ya he recibido una gran respuesta a esas oraciones.

Digan lo que digan, no hay atajos para tener sanidad interior. Por la gracia de Dios, somos testigos del hecho de que Dios sí sana. Sin embargo, tenemos que tener fe en su bondad y en su promesa de que dispone todas las cosas para el bien de los que han sido llamados de acuerdo con su propósito (Romanos 8.28). Cuando andamos en esta fe sanadora, comenzamos a soltar su poder en nuestro ser interior. Pero toma tiempo, su tiempo.

OBEDIENCIA A DIOS: LA CLAVE
PARA EL CRECIMIENTO

La obediencia piadosa es un tema importante en las Escrituras. A Martín Lutero le encantaba leer en voz alta el sencillo versículo que habla al respecto: «El justo vivirá por la fe» (Romanos 1.17). Si queremos realmente vivir en la totalidad de ese versículo, debemos aprender a andar en obediencia al Espíritu de Dios. El concepto de obediencia va en contra de los ídolos más grandes de nuestra cultura: mi independencia, mis derechos, mi libertad, lo que yo quiero, en pocas palabras, yo, yo... y, ah sí, yo. No hay forma en que pueda enfatizar la bendición que es ser obedientes al Espíritu Santo. Es la única forma de andar cerca de Dios.

A mí me gusta saber a dónde voy y qué es lo que estoy haciendo. Cuando me pierdo, cosa que sucede con más frecuencia de la que me gustaría admitir, por lo general uso mi determinación para salir de tal situación. Por desdicha, esa estrategia no funciona con nuestro Padre celestial. Cuando una oveja está perdida, necesita que el pastor vaya a buscarla y la encuentre. La mejor estrategia es que la oveja permanezca cerca del pastor. Debemos recordar que ante Dios somos como ovejas; estar cerca del Pastor quiere decir que estamos cerca de sus brazos fuertes y amorosos, pero también quiere decir que le estamos obedeciendo. No hay otra forma de hacer las cosas. Jesús prometió que enviaría al Espíritu para que sea nuestro Ayudador, nuestro Consolador y nuestro Amigo. Vamos a necesitar toda esa ayuda, para poder obtener la esperanza que necesitamos y así romper las maldiciones que han pasado por las generaciones y han llegado a nosotros.

Cuando andamos muy de cerca de su Espíritu y obedecemos, él promete que creceremos en el fruto del Espíritu: «amor, alegría, paz, paciencia, amabilidad, bondad, fidelidad, humildad y dominio propio» (Gálatas 5.22–23). Vamos a necesitar de todos estos frutos, en los años llenos de actividad en que estemos cuidando de nuestras familias. Quizás una de las razones por la cual se le llama fruto es porque no es solo lo que producimos a medida que nuestro carácter piadoso crece, sino también porque sirve para nutrir a nuestra familia. Nuestra familia se alimenta del fruto espiritual cuando caminamos con Dios. Nuestro cónyuge y nuestros hijos se sustentarán de nuestra paciencia, nuestra bondad y nuestro dominio propio. He mencionado antes que tengo la tendencia a gritar cuando me enojo, y puedo dar testimonio de que nadie se nutre con mis gritos. Pero hace tiempo me di cuenta de que yo no puedo cambiar la esencia de mi ser, el único que puede hacerlo es el Espíritu Santo. Estoy agradecida de que lo está haciendo.

LOS FUEGOS PURIFICADORES DE DIOS: EL DOLOR Y EL SUFRIMIENTO

¿Por qué permite el Señor que haya dolor y sufrimiento en este mundo que él creó? Esta ha sido una pregunta que muchos de los sabios de la historia se han formulado, así que no voy a fingir que tengo una respuesta concisa. Pero no cabe la menor duda de que nuestro Padre permite el dolor y el sufrimiento en parte porque es a través de los momentos difíciles cuando nos conocemos más a nosotros mismos. Del mismo modo, crecemos más cuando pasamos por los momentos más duros.

> En el crisol se prueba la plata y en el horno se prueba el oro, pero al corazón lo prueba el Señor.

Este gran versículo, Proverbios 17.3, nos recuerda que nuestro Padre celestial usa la adversidad y el dolor para refinar nuestras almas. Aunque no es nada agradable en el momento, si permitimos que nos refine, el producto final es bueno. El propósito final es que Dios saque las impurezas de nuestra propia naturaleza para que lleguemos a ser «intachables y puros» (Filipenses 2.15).

Han sido muchas las lecciones dolorosas que han ayudado a quemar la escoria de mi alma. Aún tengo mucho por aprender, pero he crecido en formas inimaginables. Lo más importante es que espero que mis hijos no tendrán que preocuparse nunca de que puedan terminar siendo personas destrozadas y golpeadas como muchos de sus antepasados. Le rogamos a Dios que puedan andar en la libertad y la madurez que Cristo desea para todo su pueblo. Sí, fue necesario que pasara por algunas pruebas y refinamiento, y aún hay mucho por hacer en mi corazón. Pero servimos a un Dios que nunca nos dejará, a menos que nosotros nos apartemos de él. Él no quiere que permanezcamos como bebés espirituales, sino que crezcamos en la llenura y la belleza de Cristo y que podamos ayudar a que nuestra familia también pueda llegar a ese punto.

Al comienzo de nuestro matrimonio, Gregory y yo decidimos que nuestro ministerio principal al criar a nuestros hijos era poder verlos caminar en la madurez en Cristo, libres de las maldiciones generacionales del pasado. Desde el inicio de nuestra vida matrimonial ambos estábamos conscientes de las posibles maldiciones generacionales con las que tendríamos que luchar como familia. Tuve que ser bien sincera con Gregory respecto a ellas. Después de todo, tarde o temprano, se iba a enterar. Y él también tenía unas cuantas que compartir conmigo.

También queríamos compartirlas con nuestros hijos, de manera que pudieran entenderlas de acuerdo a su edad. Así que oramos con ellos pidiéndole a Dios que nos diera de su gracia, disciplina y misericordia. No oramos solamente por nuestra familia, sino también por nuestros parientes lejanos. Nos esforzamos por mantener la mirada en nuestras metas a largo plazo. Las maldiciones generacionales no se rompen en meses o años, sino que toman décadas y a veces toda una vida. Por eso es necesario tener la meta en mente: ver que la maldición termine en nuestra generación, y permitir que nuestros hijos anden en libertad y madurez.

La buena noticia es que esa también es la meta de nuestro Padre celestial. Él se mueve con nosotros y no quiere que padezcamos por las maldades de las generaciones pasadas. Los problemas de una familia pueden ser grandes oportunidades para que florezcan la gracia y la misericordia, ya que fuimos creados por Dios para ser vencedores y criar vencedores. Puedo regocijarme en el hecho de que mi esposo y yo hemos descubierto que esa es una realidad en nuestras vidas.

El poder del Espíritu Santo es la verdadera fuente de libertad de las maldiciones generacionales y del pecado. El hecho de que Gregory y yo podamos hablar de un matrimonio de más de veintiséis años, que está creciendo y madurando, es un milagro, dada la cantidad de divorcios en ambas genealogías. Ambos somos muy tercos y venimos de familias quebrantadas, pero nuestro Dios sabe lo que hace. Nos ha mostrado una vez tras otra que puede redimir aun las situaciones familiares más difíciles. Si puede hacerlo por nuestra familia, no cabe duda alguna de que puede transformar la tuya.

Medita en lo siguiente

La Palabra de Dios

Aunque mi padre y mi madre me abandonen, el Señor me recibirá en sus brazos. (Salmos 27.10)

Te he refinado pero no como a la plata; te he probado en el horno de la aflicción. (Isaías 48.10)

Estoy convencido de esto: el que comenzó tan buena obra en ustedes la irá perfeccionando hasta el día de Cristo Jesús. (Filipenses 1.6)

Palabras de los autores

«Mi esposo y yo, tomamos la decisión de que había ciertas disciplinas que íbamos a tener que incorporar a nuestras vidas para poder llegar a ser un muro ignífugo generacional para nuestros hijos. Aunque no hemos perfeccionado ninguna de ellas, nos han ayudado tremendamente a nosotros y también a nuestros hijos en casos grandes y pequeños».

Evalúa

1. ¿Has reconocido con humildad tus errores y le has pedido al Espíritu Santo de Dios que te guíe para que puedas conocer y vivir en el amor del Padre?
2. ¿Has perdonado a aquellos que te han fallado?

3. ¿Han conversado tú y tu esposo con sinceridad y en oración acerca de las maldiciones generacionales que puedan existir en sus antecesores y qué es lo que puedan hacer contra ellas? ¿Por qué?

4. ¿Piensas que es tu responsabilidad obedecer a Dios y que la obediencia es una fuente de bendición? ¿Por qué?

5. ¿Vas a ceder ante el proceso refinador de Dios en tu vida? ¿Vas a permitir que las pruebas de esta vida te conviertan en una persona mejor y no en una amargada?

Resumen

Las maldiciones generacionales son un hecho de la vida. Las familias saludables las reconocen, las confrontan y establecen patrones nuevos. El perdón, la paciencia y el amor son vitales para ese proceso. Si permitimos que las pruebas de esta vida nos acerquen más a Dios, podremos lograr la transformación que tanto anhelamos. Puede que seamos un pueblo quebrantado, pero no servimos a un Dios quebrantado.

Cinco

Las mamás no son perfectas: esa nunca fue la meta

La búsqueda de la identidad y de significado es parte central de la experiencia humana, y la necesidad de ser buenos para algo y que tenemos importancia no se desvanece cuando somos mamás. Las mamás tenemos un rol importantísimo como mentoras de la siguiente generación, pero muchas de nosotras batallamos con el sentimiento de inseguridad en este mundo que valora los éxitos que son visibles y mide todo comenzando con la apariencia exterior hasta lo intelectual y los logros materiales. Lo que pasa es que el mundo confunde lo que es la identidad con «medir» qué tan buenos somos. Pero si las mamás seguimos ese camino, vamos a terminar sintiéndonos insignificantes y sin éxito. El resultado de esforzarnos por nuestros intereses personales nos separará no solo de otros, sino también de Dios. Él quiere que disfrutemos del fruto del trabajo de nuestras manos. Pero si esas medidas se convierten en los ídolos ante los cuales nos postramos y adoramos, nos convertimos en sus esclavas. Y la esclavitud nunca trae alegría.

La visión de Dios para la maternidad no incluye medidas, porque hemos sido creadas con todo lo que necesitamos, a través del sacrificio de Cristo en la cruz. Dios nos creó para ministrar a nuestras familias y ministrar con la identidad que él nos ha dado. Como resultado de aceptar la importancia de este ministerio tendremos satisfacción y gozo. Sin embargo, tendremos que lidiar con el inevitable estrés que tienen las mamás de ser lo suficientemente buenas de acuerdo a los niveles de calidad que el mundo demanda. La ansiedad no será parte de nuestras vidas y podremos apreciar lo que somos para nuestras familias si no vivimos bajo la definición que tiene el mundo de lo que es el éxito.

Una mamá nos contó la historia de cómo había sido redimida del constante esfuerzo por cumplir con las expectativas de su familia y las que ella misma se había impuesto. Kelly es una mujer bella con muchos logros, fue criada para que pudiese tener control de su vida. Se recibió de doctora antes de casarse. Se esforzó tanto por ser atractiva para el mundo como para lograr el éxito en su vida profesional. Estos dos elementos acompañados de la habilidad de esforzarse para aprovechar todo al máximo es lo que aprendió desde que era muy pequeña. Sus padres se mudaron de Asia, y tuvieron que trabajar por muchas horas durante el día para poder proveer para la familia. Kelly hizo todo lo que estuvo a su alcance para no desperdiciar la oportunidad de ser exitosa en la tierra de las oportunidades. Antes de ser mamá, parecía que no había ningún reto que fuese difícil de superar, pasó por cada uno de ellos sin desmayar.

Kelly y su esposo decidieron que ella iba a tomar una pausa laboral para poder criar a sus hijos. Para su sorpresa, afloraron algunas de sus inseguridades más profundas cuando los tuvo. Kelly es científica, pero no hay una ciencia exacta en cuanto a la maternidad. Cuanto más amaba a sus hijos, más insegura e inútil se sentía ante la cantidad de demandas que son parte de la maternidad. Leyó muchos libros sobre el tema de crianza de hijos y puso en práctica todo principio acerca de la maternidad en su vida diaria. Su mayor temor era no ser lo suficientemente buena como mamá. Eso la llevó a esforzarse aún más por ser la «mamá perfecta». Aunque esforzarse y hacer las cosas bien son buenos atributos, para Kelly, como para muchas mamás, esas metas pueden traer como resultado el sentimiento de falta de mérito y culpabilidad.

La ansiedad de Kelly fue en aumento, ya que no importaba cuán temprano se despertaba, uno de sus hijos pequeños se levantaba antes que ella. No importaba cuánto tratara de ser organizada y hacer las cosas a tiempo, algo siempre le malograba su itinerario. No importaba cuánto se esforzara por mantener la casa limpia; los juguetes, la ropa sucia y los platos siempre se amontonaban. Casi no podía disfrutar de las innumerables bendiciones de su vida familiar debido a que siempre andaba preocupada porque no iba a poder hacer las cosas a la perfección cuando se presentase la siguiente exigencia. Pero reconocía que no podía seguir bajo ese trote de esforzarse constantemente, y luego Dios, en su maravillosa misericordia, le dio una revelación que cambiaría su vida.

Un día, mientras Kelly leía su Biblia, un versículo captó su atención: «Toda ilustre es de dentro la hija del rey» (Salmos 45.13, JBS). Dios no demanda que seamos humanos perfectos, porque nos ve a través de la perfección de Jesús. Hay una belleza espiritual que quizás solo Jesús puede ver, y no está conectada con el mundo, es una belleza que se obtiene cuando nuestras vidas están entregadas a Jesús. Kelly se dio cuenta de que en su subconsciente estuvo midiéndose para reafirmarse de que estaba haciendo las cosas bien en todas las áreas de su vida, aun en su vida espiritual. Lo que en realidad estaba logrando ese esfuerzo era bloquear la gracia abundante de Dios y la estaba llenando de temor.

La maternidad no es un desempeño por medio del cual podemos ganar la aprobación y el amor de Dios. Ya se nos han dado ambas cosas a través de Jesucristo. Lo único que Dios pide es que confiemos en él para hacer aquello que no podemos hacer por nuestro propio esfuerzo. Kelly se dio cuenta de que ella podía seguir siendo un sargento en su casa, demandando perfección o podía mostrarles a sus hijos la misma gracia que Jesús tuvo con ella. Ella no quiere que sus hijos sean atormentados a los mismos niveles inalcanzables de excelencia con los cuales ella fue criada. No quiere que se sientan cargados con culpabilidad si fallan y, de hecho, tampoco quiere que crean que solo son dignos de ser amados si son perfectos. Dios ha transformado a Kelly con su compasión, a través de sus luchas con la maternidad.

LAS MAMÁS Y EL MINISTERIO

Yo también he luchado duro y por mucho tiempo con el área de las expectativas. A veces subconscientemente, he usado medidas en mi vida como un mecanismo falso para probarme a mí misma que tengo valor. Para mí, ha sido muy importante no decepcionar a mis seres queridos, y aunque eso tenga algo de valor y parezca un buen deseo, la verdad es que está al mismo nivel que la culpabilidad y el temor al fracaso. Sin embargo, la maternidad no es algo que desempeñamos, sino que es un ministerio. Las mamás tienen un llamado muy alto, pero solo podremos ver y aceptar la visión cuando incorporemos el conocimiento de que estamos en un ministerio en el cual no tenemos que probar si somos lo suficientemente buenas.

Jesús no quiere que nos critiquemos severamente a nosotras mismas, atadas con un grillete y una bola a los valores transitorios de este mundo o a la necesidad de ser lo suficientemente buenas ante las expectativas de nuestros seres queridos. Mi enfermedad me ha hecho ver la naturaleza transitoria de muchas de las cosas que valoro. Los logros académicos y profesionales, la apariencia física, el estatus social y la popularidad forman parte de mi lista de medidas. Pero lo más interesante es que mi enfermedad ha resaltado el hecho de que muchas de las cosas con las cuales me medía no van a durar para toda la vida. Pero lo que sí va a durar para toda la vida es el amor de mi familia y mis amigos, que son un regalo de nuestro Padre celestial. El ministerio de mi familia me ha ayudado a no caer en depresión en cuanto a mi estado de salud actual.

Algo que en realidad es maravilloso, en lo que respecta a las cosas eternas, es que no tenemos que tener temor de que desaparezcan. Todo lo que Dios construye permanece; lo que yo construya morirá conmigo. El llamado de Dios para mí es que construya cuanto tesoro eterno pueda. Las relaciones que hayan sido construidas por medio de la oración y el amor incondicional serán la parte más preciosa de mi legado y de mi ministerio. Su ministerio a través del Espíritu Santo es obrar en mí y a través de mí. Nuestro Padre celestial no nos pisotea; debemos darle nuestros corazones y nuestras vidas.

Espero que no seas tan terca como yo, y que no tengas que pasar por una situación difícil para recién poner en orden aquellas cosas que son importantes para ti. Mi mayor preocupación era cómo me veía el mundo exterior, y lo único que conseguí fue insatisfacción y ansiedad en lugar de paz y descanso. Mi crisis de salud me paralizó, y eso ha sido lo mejor que me hubiera podido pasar. En nuestro ministerio como mamás es necesario que nos sintamos tranquilas con lo que somos, no atormentadas con cómo sentimos que el mundo nos percibe. Dios nos acepta y podemos estar confiadas en su aceptación.

Ese sentimiento de que no estoy cumpliendo con mis metas me da una sensación de ansiedad y me hace sentir como que le estoy fallando a mi familia. Pero este sentimiento de juicio y temor no viene de parte del Señor; tal como él le dijo a Samuel en 1 Samuel 16.7: «La gente se fija en las apariencias, pero yo me fijo en el corazón». Dios no nos evalúa usando una serie de puntos de comparación. Debemos ministrar a nuestras familias y tener la vida que ha sido trazada para nosotras. Dios nos ha dado a cada una varios ministerios y tareas que solo nosotras podemos hacer, y uno de los más importantes es el ministerio a nuestras familias. Nuestras vidas no son copias de papel carbón, sino vidas únicas e individuales, de modo que las comparaciones con otros es algo que no es válido en el reino de Dios.

Ya sea que seamos mamás que trabajan solamente en su hogar o que tienen una carrera profesional fuera de este, todas tenemos que enfrentarnos con el hecho de que el mundo quiere imponernos su sistema de medida. Una de mis amigas me dijo hace poco que tenía dificultad para sentirse aceptada en un grupo de juego porque sentía que estaba con sobrepeso. Esa amiga es preciosa, pero no siente que es lo «suficientemente delgada». Muchas de nosotras nos miramos al espejo con inseguridad porque vemos las fallas desde el punto de vista de Hollywood y las fotografías retocadas con aerógrafo. A nuestro Padre celestial le interesa lo que es el carácter, la fe, la esperanza y el amor. Cosas que están escondidas, pero Dios las ve y nuestra familia las perciben cuando emanan de nosotras.

LA MATERNIDAD NO ES UNA COMPETENCIA

Ser mamás en el siglo veintiuno quiere decir que somos participantes de una cultura que tiene expectativas que son imposibles de alcanzar, y tenemos que luchar contra la tentación de llevar esas expectativas a nuestros hogares. Yo crecí sintiendo que debía tener altos logros académicos, forjarme una carrera profesional satisfactoria, ser una gran esposa y también criar hijos con altos logros. Y lo que el mundo veía tenía que ser agradable. Si adoptamos las medidas y aspiraciones del mundo, estamos adoptando el gran peso de vivir bajo esas expectativas. Si somos sinceras, la mayoría de nosotras, nos damos cuenta de que no hay forma de que podamos alcanzar todas esas metas mundanas.

Si seguimos buscando nuestro valor basados en los parámetros del éxito del mundo, nos estamos condenando a la tristeza y a la desolación. Eso es igual para hombres como para mujeres. Así como los ídolos que cautivaron a los israelitas en el Antiguo Testamento, los de hoy —dinero, posición social, prestigio, etc., etc.—, son totalmente vacíos y no satisfacen a fin de cuentas. Según la Organización Mundial de la Salud, el uso de medicamentos antidepresivos se ha disparado, de manera asombrosa, a cuatrocientos por ciento desde el año 1988; en Estados Unidos, en la mayoría de los casos esto ha sido alimentado por un sentimiento de inutilidad y vacío, en la tierra de la abundancia. La tasa de suicidio también ha tenido un incremento estremecedor de un sesenta por ciento en los últimos cincuenta años, en su mayoría en los países acaudalados como el nuestro.[1] No podemos ignorar el hecho de que la infelicidad y la desilusión están vinculadas a esas estadísticas tan deprimentes. Ambas cosas, a pesar de todo nuestro esfuerzo, nos dejan menos satisfechos y menos felices.

Además, tenemos que estar conscientes del hecho de que cuando idolatramos las medidas del mundo, tomamos una posición opuesta a lo que Dios quiere para nosotros. Él no va a tolerar ninguna clase de competidor (dale una mirada al primer, segundo y tercer mandamiento en Éxodo 20). Él ha permitido que mi esposo y yo pasemos por algunas experiencias que nos han llevado a la humildad para que no marchemos al ritmo de este mundo. También nos ha permitido experimentar algunos éxitos maravillosos. Los fracasos han sido desgarradores, pero captaron nuestra atención en formas en que los éxitos no lo lograron. Quizá esa sea la razón por la cual hemos experimentado juntos algunos contratiempos en nuestra vida. Por medio de los fracasos, al fin, nos dimos cuenta de que ambos teníamos el serio problema de que estábamos convirtiendo en ídolos los parámetros mundanos del éxito. Yo tenía la esperanza de que el éxito validara mi identidad, pero como todos los ídolos, me fallaron.

Podemos medirnos a nosotros mismos y a otras personas usando diferentes medios. Puede ser que usemos un marcador mental en el cual grabamos una lista de logros: un esposo exitoso, una gran profesión, e hijos con muchos logros. En el círculo cristiano, la lista de medidas puede ser diferente: ¿a qué viaje misionero fue tu hijo? ¿Dónde estás haciendo

servicio voluntario? Esta lista, para ver si somos realmente buenos, reco-
rre toda la gama, ya que nosotros, los seres humanos podemos usar cualquier cosa para establecer un valor según nuestra opinión. La mayoría de
nuestras medidas están influenciadas por las voces de nuestros padres.

La maternidad no es en ninguna manera una competencia. Es un
ministerio. No somos evaluadas comparándonos una con la otra. Tenemos bien claro que no debemos juzgar a los demás: «No juzguen a nadie,
para que nadie los juzgue a ustedes» (Mateo 7.1) Jesús nos está advir-
tiendo que Dios no aprueba que compitamos con otros. Dios tampoco
aprueba que señalemos las fallas de los demás para sentirnos mejor. Esa
no es la forma de obrar de Dios, él quiere que nos libremos de esa mentalidad venenosa.

Afortunadamente, nuestro Padre celestial no nos juzga a ninguna de
nosotras con esas medidas. Cuando era una joven mamá leí el siguiente
pasaje: «Ya no hay judío ni griego, esclavo ni libre, hombre ni mujer,
sino que todos ustedes son uno solo en Cristo Jesús» (Gálatas 3.28). Esas
palabras sobrepasan nuestra manera de pensar. Jesús no quiere que nos
caractericemos por nuestra nacionalidad, nuestro género ni por el dinero. Si nos preocupan esos parámetros de identidad, nos agobiarán las
medidas relacionadas con ellos. Ya que somos nuevas criaturas en Cristo,
podemos vivir sin preocuparnos del temor de que no somos valoradas y
que no somos lo suficientemente buenas. No me imagino cómo sería mi
vida de ama de casa y mamá si no supiese que mi valor y significancia
están basados en algo mayor que mis labores cotidianas. El Señor nos
llama a que tomemos otro tipo de metas y aspiraciones en nuestro rol
como mujeres y mamás.

LA MATERNIDAD REQUIERE VALENTÍA

La palabra *ministerio* en el idioma griego, significa «servir». Eso es
exactamente lo que las mamás hacemos. Ministramos las necesidades

emocionales y físicas de nuestras familias. Lo hacemos como ministras de Dios. En el ministerio de la maternidad no hay parámetros mundanos, porque no se trata de un desempeño externo. Deberíamos tener la misma perspectiva de nuestro Padre celestial, que no se interesa por la apariencia externa sino por el corazón (1 Samuel 16.7). Jesús no nos juzga ni nos compara la una con la otra. Pero nos infunde con su Espíritu Santo para que podamos levantarnos cada día y podamos ministrar a nuestras familias. Ya que no tenemos evaluaciones ni alzas de sueldo que indiquen que estamos haciendo un buen trabajo, el hecho de ser mamá requiere que tengamos un sentido firme de misión y valentía. Nuestro ministerio se enfoca en nuestro esposo, nuestros hijos y nuestra comunidad. Ten por seguro que una familia estable y feliz es una gran bendición para cualquier comunidad. Muchas mamás tienen que ampliar su visión, para que esta incluya no solamente lo que hacemos como madres sino también quiénes somos en este mundo. Tal como Jesús nos ministra a nosotras y a nuestras familias, nosotras les ministramos de la misma manera a ellos y a Jesús. Este es el verdadero ministerio.

No subestimes el impacto que tiene tu ministerio en la comunidad más amplia. Las mamás son guías y mentoras de la siguiente generación, no solo a través de nuestros hijos sino de las amistades, la escuela y el servicio voluntario en esta generación. Estamos criando hijos que contribuirán en gran manera con nuestra sociedad en lugar de consumirla. Nuestros nietos y nuestros bisnietos recibirán el beneficio de lo que estamos haciendo hoy en nuestro ministerio y a través de él.

EL VALOR DE LA MATERNIDAD

Nosotras las mamás nos enfrentamos con el hecho de que nuestra cultura subestima la maternidad. Tenemos que estar en paz con esa mentalidad, de lo contrario sentiremos que nos están evaluando como si no tuviéramos valor alguno y podríamos volvernos resentidas. La anécdota de Ann

Crittenden, en su libro *The Price of Motherhood: Why the Most Important Job in the World Is Still the Least Valued* [La maternidad tiene su precio: ¿por qué es que el trabajo más importante del mundo aún sigue siendo el menos valorado?], hace hincapié en la devaluación continua de la maternidad en nuestra cultura. Crittenden, una escritora nominada al Premio Pulitzer por *The New York Times,* tomó un sabático largo de su trabajo para criar a su hijo. En una fiesta, otra persona invitada se le acercó y le preguntó: «¿No eras Ann Crittenden?».[2]

Esta experiencia de sentirse devaluada la hemos experimentado muchas de nosotras que hemos elegido ser mamás y amas de casa. Poco tiempo después es fácil hacerse la pregunta si quizás la sociedad tenga razón. La Biblia plantea la pregunta y da la respuesta en relación al tema del valor:

> Mujer ejemplar, ¿dónde se hallará? ¡Es más valiosa que las piedras preciosas! Su esposo confía plenamente en ella [...] y afronta segura el porvenir. Cuando habla, lo hace con sabiduría [...] Sus hijos se levantan y la felicitan [...] Engañoso es el encanto y pasajera la belleza; la mujer que teme al Señor es digna de alabanza. ¡Sean reconocidos sus logros, y públicamente alabadas sus obras! (Proverbios 31.10–31)

El pasaje en el párrafo anterior abarca la vida de una esposa piadosa. Es sorprendente que solo menciona a los hijos una vez. A esta esposa y mamá se le ve desde un punto de vista estratégico de toda su vida, no solo desde un punto específico. La visión de Dios para nuestras vidas es más grande que la que nosotras tenemos. Él valora nuestras vidas y sus planes no se detienen en un punto específico. Ahora que ya tengo cincuenta y algo de años, puedo entender este punto con más claridad. Jesús tiene muchos planes para mí como mujer, pero tengo que estar dispuesta a entregarle mi confianza para poder ver que esa travesía se desarrolle poco a poco. También debo entregarle todas mis metas personales a cambio de su plan perfecto para mi vida.

Los primeros años de la maternidad están llenos de trabajo físico, pero eso disminuye con el tiempo. Sin embargo, las demandas del cuidado materno no disminuyen a medida que los chicos crecen. Como lo escribiera, Anne-Marie Slaughter, en su famoso artículo, en el año 2012, en la revista *The Atlantic,* «Why Women Still Can't Have It All» [Por qué las mujeres todavía no lo pueden tener todo], los adolescentes necesitan del cuidado materno aún más que cuando eran muy pequeños.[3] Uno de sus hijos adolescentes tenía problemas en varias áreas de su vida. Por ello se vio obligada a observar bien cuáles eran sus prioridades y a recortar algunas cosas, para beneficio de su familia aun a costa de su carrera profesional. Slaughter escribe: «Podremos crear una sociedad en la cual de verdad todas las mujeres salgan ganando solo cuando un gran número de ellas ejerzan el poder. Esta sería una sociedad en las que todos salen ganando».[4] Este artículo causó un torbellino en Estados Unidos, pero el argumento que presenta Slaughter es fundamentalmente erróneo.

Vemos que, a través de la historia, ha habido una tendencia a equiparar la infelicidad con la falta de empoderamiento o de validez. Por ejemplo, Karl Max creía que solo sería posible que haya una sociedad en la que todos salgan ganando cuando todos los trabajadores del mundo tuvieran el poder. Millones de personas murieron tratando de poner en práctica esa teoría. Sin lugar a duda, los trabajadores no eran más felices en su utopía. La verdad es que la infelicidad y el descontento han existido desde el comienzo de la historia de la raza humana, porque son parte de la condición humana. Tal como la serpiente le dijo a la mujer: «¿Es verdad que Dios les dijo que no comieran de ningún árbol del jardín?» (Génesis 3.1). El poder de los celos y la codicia hizo que la paz y el contento que Adán y Eva habían experimentado en el huerto se desvanecieran, aunque nada había cambiado en el exterior. La razón por la cual Adán y Eva pecaron es porque intercambiaron el valor de su relación con Dios por otra cosa.

Tal como la historia del huerto del Edén lo demuestra, aun las circunstancias exteriores perfectas no garantizan la felicidad a largo plazo, debido a nuestra capacidad humana de estar insatisfechos. Todas hemos vistos buenos matrimonios, con un potencial tremendo, que terminan debido a sentimientos de insatisfacción. Eso es lo que yo llamo síndrome de «Ya no estoy contento». A decir verdad, el hecho de que la prevalencia de ese problema esté tan generalizada, nos muestra que Adán y Eva representan la verdad en lo que respecta a la naturaleza humana. Cada una de nosotras tenemos que lidiar con nuestra habilidad de malograr las cosas cuando todo está yendo bien. Puede que tengamos un cónyuge maravilloso, hijos estupendos, trabajos que nos hagan sentir bien y aun así no estemos contentas. Adán y Eva, tenían todo lo que necesitaban, pero fácilmente fueron influenciados hasta llegar a sentirse insatisfechos, porque se enfocaron en lo que no tenían más que en la provisión. Ha sido muy bueno enfocarme en lo que me falta, pero me estoy esforzando para ver la bendición de la provisión. Mis grandes problemas de salud, en forma paradójica, han resultado ser canales de sanidad emocional para mi salud, porque puedo ver lo que ha quedado después de mi enfermedad.

La continua incapacidad femenina para «poseerlo todo», se está convirtiendo en una distracción para muchas mujeres. La verdad es que nadie puede «poseerlo todo». Tenemos que recordar que Jesús no vino para tenerlo todo, es más, él cambió drásticamente lo que la humanidad pensaba acerca de lo que es el poder. Jesús vino para servir y no para ser servido, como se lo dijo a sus discípulos en Marcos 10.43–45: «El que quiera hacerse grande entre ustedes deberá ser su servidor, y el que quiera ser el primero deberá ser esclavo de todos. Porque ni aun el Hijo del hombre vino para que le sirvan, sino para servir y para dar su vida en rescate por muchos». Este pasaje nos lleva nuevamente al concepto del servicio, es decir, el ministerio. Son pocas las personas que son felices al servir a otros con humildad; sin embargo, solo algunas parecen ser realmente felices. Ese sentimiento de que alguien nos ha robado algo, porque no lo tenemos todo, revela que nuestros ojos están enfocados en el premio incorrecto.

AGRADECER Y ALABAR

El poder de la gratitud y la alabanza trae consigo transformación y renovación. Cuando alabamos a Dios y le damos gracias nos ponemos en la correcta posición en este universo. Quizás no somos lo suficientemente buenas ante los ojos del mundo pero, de todos modos, esa nunca ha sido la meta correcta. Podemos descansar seguras al saber que el Dios a quien servimos anula todas las medidas del mundo que podamos concebir. Mi villancico navideño favorito es: «Al mundo paz», y mi frase favorita es: «A las naciones probará...». Al final de cuentas, es él quien nos da valor, no tenemos que probar que somos valiosas, porque no lo somos, tenemos que quitar la mirada de nosotras mismas y poner los ojos fijamente en él.

Ya que somos creyentes, podemos bendecir a nuestro Padre con gratitud y alabanza. Eso complace su corazón y alegra al alma insatisfecha. Las Escrituras nos enseñan que debemos ser agradecidas. Hay cientos de versos y aun salmos completos dedicados a agradecer a Dios que también nos recuerdan lo importante que es dar gracias. Uno de mis favoritos es: «Den gracias a Dios en toda situación, porque esta es su voluntad para ustedes en Cristo Jesús» (1 Tesalonicenses 5.18).

Normalmente, ¿qué es lo primero que viene a tu mente cuando te despiertas en la mañana? Debo admitir que muchas mañanas me despierto angustiada con problemas y preocupaciones. Por lo general, pienso en mi itinerario tan ocupado y las cosas que tienen que hacerse. Cada mamá tiene sus preocupaciones: pagar las cuentas, la necesidad de un carro nuevo, una cita médica con uno de los hijos, etc., etc. El Señor no quiere que comencemos nuestro día estresadas. Podemos romper ese ciclo si nos enfocamos en el Señor y le damos gracias: «Dios mío, ¡tú eres mi Dios! Yo te buscaré de madrugada» (Salmos 63.1, RVC). «Den gracias al Señor, porque él es bueno; su gran amor perdura para siempre [...] Que lo digan los redimidos del Señor» (Salmos 106.1; 107.2).

He iniciado la siguiente rutina, para romper ese ciclo de preocupación. Antes de levantarme de la cama agradezco a Dios por las cosas buenas de mi vida. En cuanto me despierto comienzo a agradecerle a nuestro Padre por su bondad. Trato de sacar algunos minutos a eso del medio día para agradecer y adorar a nuestro Padre por su bondad conscientemente. En la noche, antes de acostarme, nuevamente tomo tiempo para agradecerle por las bendiciones del día. Trato de no dar por sentado todo lo que me ha dado. Por naturaleza, tiendo a poner los ojos en lo que me hace falta y me olvido de su provisión, como lo hizo Eva. El acto de dar gracias me reorienta hacia la verdad: sirvo a un Dios que me ha tratado con abundante gracia. No tengo que temer que él me va a negar su bondad porque lo he desilusionado.

La gratitud te ayudará a lidiar de manera efectiva con cualquier situación en la que te encuentres. Cuando tomamos tiempo para dar las gracias por lo que tenemos no nos queda más que sentirnos animadas por lo que nuestro Padre ha hecho. El ánimo también nos prepara para lo que nuestro Padre celestial quiere hacer por nosotras en el futuro. Quizás aún tengamos retos y dificultades ante nosotras, pero el agradecimiento nos recuerda todo aquello que el Señor ya ha hecho a favor nuestro. Ese ánimo nos puede ayudar a vencer los problemas que vengan.

Cultivar la gratitud por todo lo bueno que tenemos, nos ayuda a establecer la perspectiva correcta en la vida. Cuando podemos ver con más claridad, podemos lidiar con los problemas con más efectividad (¡y aun evitarlos del todo!). Una actitud de gratitud te ayudará a ti y a tu familia a combatir el materialismo que está a nuestro alrededor. Si queremos que nuestros hijos desarrollen una actitud de agradecimiento, tenemos que ser nosotras las primeras en darles el ejemplo.

Estamos bombardeadas todos los días con el mensaje de que el materialismo es lo más importante; doquiera que miremos nuestra cultura trata de vendernos más cosas. El mundo quiere que creamos que si compramos esto o usamos aquello seremos felices. Por supuesto que, para tener todas las cosas que los anunciantes dicen que necesitamos, tenemos que trabajar más duro y por más tiempo. Pero es contrario a la economía de Dios. Podemos poseerlo todo y estar en la bancarrota espiritualmente. Hay una expresión en latín, *Caveat emptor,* que significa: «Cuidado por parte del comprador». Debemos tener cuidado con lo que los medios de comunicación hoy tratan de vendernos a nosotros y a nuestros hijos.

Debido a que estamos tan expuestos al materialismo, nuestros hijos corren el riesgo de crecer siendo codiciosos y de querer siempre más cosas. El bombardeo publicitario a diario en las grandes avenidas, no ayudan en lo absoluto. Corremos el riesgo de medirnos en base a lo que poseemos. Puede ser que las familias existan felizmente, pero sienten que carecen de algo debido a la supuesta necesidad impuesta por la sociedad de poseer más y más. Para muchos ir de compras se ha convertido en un deporte, incluyendo a nuestros jóvenes. Ir a un centro comercial es un entretenimiento. Debido a que es fácil obtener crédito, muchos jóvenes y adultos están muy endeudados. Podemos combatir ese deseo de valorar lo material y encontrar nuestra autoestima en las cosas cuando valoremos verdaderamente las cosas espirituales.

Una forma tangible de demostrar nuestro agradecimiento es siendo generosos con otros. La mayoría de los cristianos han escuchado el versículo: «Dios ama al que da con alegría» (2 Corintios 9.7). Dios nos pide que bendigamos a otros en su nombre. Eso nos da la oportunidad de bendecirlos y de bendecir a nuestro Padre celestial. No es algo accidental que el Señor prometa en Mateo 7.2 que la medida que se usa para medir a otros, es la misma que Dios usa para medirlo a uno. Cuando damos generosamente de las cosas materiales que poseemos, estamos dándoles a nuestros hijos un ejemplo, y así también les ayudamos a desarrollar un espíritu generoso. Nuestro deseo más grande es que nuestros hijos puedan dar de la abundancia que ellos han recibido, ya que es claro que servimos a un Dios que es abundante.

La Biblia dice que «Gran ganancia es la piedad con contentamiento» (1 Timoteo 6.6, jbs). Cuando la codicia del mundo no mora en nosotros, nos contentamos con lo que se nos ha dado. Cuando dejemos de esforzarnos por alcanzar logros, nos contentaremos con lo que somos. Dios me ha dado lo que él quiere que yo tenga, él me ha hecho lo que debo ser. Estoy aprendiendo a contentarme en su realidad.

El hecho de tener una salud frágil y de que mi parecer esté cambiando debido a mi edad y el daño al nervio facial me ha llevado a lugares que nunca busqué. Mi esposo y mis hijos han sido la evidencia externa del amor de Dios. Ellos no esquivan mi mirada, me besan, me abrazan y me dicen que soy hermosa, lo que fue una realidad en algún momento pero no hoy. Los actos de mi familia son el reflejo del modo en que Dios ve a sus hijas: «Toda ilustre es de dentro la hija del rey» (Salmos 45.13, jbs).

El deseo del Señor es que dejemos de esforzarnos por alcanzar las metas imposibles que nos hemos fijado para nosotras mismas. Su anhelo es reemplazar los parámetros del mundo con el conocimiento de que él nos ama porque somos sus hijas. Yo tuve que aprender a poner los ojos en Jesús y a enfocarme en obedecerle, teniendo en cuenta que esa actitud le complace. Todo lo que él nos pide es un corazón humilde y contrito. A los pies de Jesús aprendí lo que es la paz que fluye como resultado de una relación correcta con Dios. Puedo dejar de esforzarme por ser una persona encantadora, que era lo que yo más quería, porque él ama a sus hijos incondicionalmente. Darnos cuenta que ni tú, ni yo, tenemos que hacer algo para recibir su amor, es una revelación que cambia nuestra vida.

En mi rol de ministro de Cristo para mi familia, he aceptado el hecho de que lo que hago va a repercutir a través de las generaciones y tendrá un impacto en la vida de muchos, aun cuando ya no esté en este mundo. Sea para bien o para mal, depende de mí, no hay ningún otro ministerio que posea que tendrá el mismo impacto a largo plazo.

Medita en lo siguiente

La Palabra de Dios

No se amolden al mundo actual, sino sean transformados mediante la renovación de su mente. (Romanos 12.2)

La gente se fija en las apariencias, pero yo me fijo en el corazón. (1 Samuel 16.7)

Tu palabra es una lámpara a mis pies; es una luz en mi sendero. (Salmos 119.105)

Palabras de los autores

«El deseo del Señor es que dejemos de esforzarnos por alcanzar las metas imposibles que nos hemos fijado para nosotras mismas. Su anhelo es reemplazar los parámetros del mundo con el conocimiento de que él nos ama porque somos sus hijas».

Evalúa

1. Haz una lista de algunos de los estándares con los cuales te evalúas a ti y a tus hijos.

2. ¿De dónde provienen esos estándares? ¿Son los estándares de Dios?

3. ¿Te están perjudicando esos estándares o te están ayudando? ¿Están perjudicando a tus hijos o les están ayudando?

4. «Son pocas las personas que son felices al servir a otros con humildad; sin embargo, solo algunas parecen ser realmente felices». ¿Estás de acuerdo? ¿Crees que hay alguna relación entre estas cosas? ¿Por qué?

5. ¿Alguna vez te has sentido como que antes eras alguien, una persona con logros, pero ahora eres simplemente una mamá? ¿Cómo luchas contra ese pensamiento devaluador?

Resumen

Buscamos los parámetros porque queremos sentirnos bien con lo que somos, pero ignoramos el hecho de que las mismas medidas tienen el poder para hacernos sentir como un fracaso ante nuestros propios ojos. Nuestra identidad en Cristo nos libera de no juzgarnos a nosotras mismas de acuerdo a los estándares del mundo. Él nos ama y desea que caminemos en su aceptación.

Seis

Harvard o el cielo: considera la eternidad desde el comienzo

Todas las mamás necesitan mentoras. Yo cuento con la bendición de que tengo una de ochenta y ocho años que comparte toda su vida y sabiduría conmigo. Cuando su hijo murió de manera repentina, me dijo: «Él era honesto y muy trabajador». Sus palabras eran un homenaje a la vida de su hijo que había sido sencilla pero buena. Él no era el héroe de su propia historia, había llevado una vida de honor y modestia, y era alguien de quien se podía depender. Cuando yo muera, espero que mi epitafio sea algo parecido, porque una lista llena de elogios y de logros mundanos no puede tomar el lugar de una vida de fe y carácter.

Es fácil desear que nuestros hijos tengan todo, lo que es difícil es criarlos para que sean personas de fe y carácter en medio de una época de incredulidad. Los ídolos de este mundo —el éxito, el dinero y la apariencia externa—, por lo general van en contra del destino espiritual que Dios tiene para nuestros hijos. Somos muchos los que cometemos el error de creer lo contrario. Gregory y yo queremos que nuestros hijos vivan de modo que agraden a Dios. Nuestro Padre celestial tiene un destino planeado para cada uno de nuestros hijos, lo único que tenemos que hacer es poner de lado los parámetros del mundo que nosotros hemos deseado para nuestros hijos.

Lo que valoramos está muy ligado a la visión que tenemos para nosotras y nuestras familias. Hoy muchas mamás tienen preparado un discurso de los logros de sus hijos porque eso es lo que les da valor como madres. Es tal nuestro deseo de ser vistas como buenas mamás que nos ponemos en una posición de vulnerabilidad en la cual queremos que nuestros hijos cumplan con las expectativas del mundo, sean estas apropiadas o no. La razón es que tendemos a creer que si tenemos hijos exitosos quiere decir que hemos tenido éxito como madres.

En los evangelios Jesús enseñó que: «Nadie puede servir a dos señores» (Mateo 6.24). Mi deseo de criar hijos que tengan grandes logros se ha visto en contienda con el deseo de Dios de que tengan una mentalidad espiritual. Es muy difícil no dejarse influenciar por una sociedad cuyo enfoque es producir hijos exitosos y con muchos logros. Si cedemos ante la idolatría del éxito que hay en el mundo, ponemos a nuestros hijos en una situación muy vulnerable. No me malinterpretes, es bueno criar a nuestros hijos para que trabajen bien y lo hagan con excelencia, pero es mejor aún si hallan una profunda satisfacción con lo que están haciendo con sus vidas. Pero si hallan su identidad en esa búsqueda excluyendo que son seres espirituales y evadiendo su relación con los demás, van a caer en la decepción y la insatisfacción. La historia que veremos a continuación es una de muchas entre las cuales hubiera podido escoger para ilustrar hasta qué punto llegan los chicos cuando se postran ante el ídolo mundano del éxito.

ESCÁNDALO EN UNA ESCUELA

En el año 2009 hubo un escándalo a nivel nacional respecto a plagio académico en nuestra escuela secundaria en Hanover, New Hampshire.

El diario *The New York Times,* la revista *People,* CNN y Fox News permanecieron en nuestra ciudad por varias semanas, ya que este escándalo tenía que ver con la obsesión nacional de hacer que nuestros hijos vayan a las mejores universidades. Hanover es una ciudad acomodada que pertenece a la Liga Ivy y toma muy en serio el aspecto académico. Se espera que los estudiantes sobresalgan y vayan a universidades de prestigio. Tener una credencial de la Liga Ivy es uno de los símbolos de estatus más codiciados.

Justo antes de los exámenes finales, unos estudiantes forzaron la entrada de la escuela y robaron copias de los exámenes finales. Al concluir una investigación interna la administración de la escuela llamó a la policía y uno de los estudiantes fue acusado como el cabecilla. Los padres del acusado amenazaron con enjuiciar tanto a la policía como a la escuela y lograron que los cargos fueran reducidos considerablemente. Muchos de los otros estudiantes que participaron, pero que no estaban a la cabeza de esa banda tramposa, sufrieron consecuencias más graves. El cabecilla y sus padres son cristianos. Después de eso se les hizo muy difícil interactuar con la comunidad local porque muchos estaban convencidos de que las ambiciones académicas de la familia los había cegado ante la necesidad de asumir la responsabilidad de sus actos. Los padres que perturban las consecuencias también trastocan el desarrollo del carácter de sus hijos, como lo dijera Heráclito —el famoso filósofo griego—: el carácter del hombre es su destino.

Debemos criar a nuestros hijos con el conocimiento de que son valiosos, sea que produzcan o no. Dios nos da de su amor incondicional, el amor que tenemos por nuestros hijos no puede estar basado en lo que hacen, sino en lo que son. Por lo general los adolescentes se sienten muy inseguros en un mundo que tiene aspiraciones muy altas. Tienen que tener buena apariencia física, cuerpos bellos, notas altas, etc., etc. Cuando un chico es inseguro, la idea de amar y ser amado es algo un poco complicado. Las aspiraciones equívocas harán que nuestros hijos sean aún más inseguros, por lo que buscarán amor y afirmación en lugares que podrían ser perjudiciales. Si creen que sus logros determinan su valor, su valor personal será inestable, algo que se hará aún más inestable con el tiempo.

Nuestra meta para nuestros hijos debería ser discernir, a medida que crecen, cuáles son sus verdaderos dones, y no qué es lo que nosotros queremos que sean. A su vez, ese discernimiento debe concordar con el deseo de Dios de que sean adultos seguros y maduros, cosas que ellos necesitan para poder crear en el futuro vidas equilibradas y saludables. En un espacio de tres años y medio tuvimos tres hijos, pero cada uno de ellos es hermoso y especial; sería una necedad de nuestra parte tener las mismas metas para cada uno de ellos. Gregory y yo hemos tratado de enfocarnos en el desarrollo de su carácter de acuerdo a sus edades. Eso es algo que toma tiempo y a su vez tiene sus decepciones, pero si perseveras en ese esfuerzo, verás el buen fruto con el tiempo. Tenemos que recordar que los jóvenes son eso, jóvenes. Necesitan que les demos tiempo, mucho tiempo, para que puedan llegar a entender lo que es la sabiduría.

Da la impresión de que somos una sociedad experta en criar chicos que permanecen siendo niños. La eterna adolescencia es la pesadilla de la sociedad moderna; en muchas formas. La crisis de la edad media por la que pasan muchos hombres y mujeres, no es otra cosa que una reproducción de la ansiedad de la adolescencia. Es un gran fenómeno desalentador, del día de hoy, ver a mujeres de cincuenta años que se visten como jovencitas de veinte. Es un hecho triste, que vemos a diario, hombres que dejan a sus esposas después de haber estado casados por treinta años, por mujeres más jóvenes. Nuestra cultura adora la juventud a tal extremo que la edad no es una barrera para el comportamiento inmaduro. La solución es asegurarnos que crezcamos en madurez y aceptemos la sabiduría con el transcurso del tiempo.

La solución para nuestros hijos es que les permitamos que crezcan tomando las responsabilidades que vienen de acuerdo a la edad. No les hacemos ningún bien a nuestros hijos adultos cuando los protegemos de la realidad. Por ejemplo, cuando dejamos que nuestros hijos adultos vivan en nuestra casa sin que paguen alquiler, no es bueno para nadie, especialmente para ellos. Ese principio también se aplica con los hijos menores, que tienen que entender que a medida que crecen sus responsabilidades crecen con ellos. Ayudar en la casa con frecuencia, trabajar durante las vacaciones escolares, y hacer sus labores bien hechas, es algo que deben hacer. La sabiduría que aprendan al reconocer que sus acciones tienen consecuencias, será de mucho valor a medida que llegan a ser adultos. Tienen que sentir el impacto de esas consecuencias, sean buenas o malas, para que las graben. Proteger a nuestros hijos para que no tengan que sufrir las consecuencias negativas hará que vuelvan a cometer el mismo error. Ninguna de nosotras queremos que nuestros hijos sean adolescentes de por vida.

Como amar a nuestros hijos cuando están en su travesía

No hace mucho, recibí una llamada de una amiga con la que no había hablado hace un tiempo. Bárbara quería saber cómo iba mi salud. Al final de la conversación mencionó a su hijo. Se le oía cansada al hablar. Stevie es un buen muchacho. Ella y su esposo le habían dedicado sus vidas, pero nada había salido como ella había esperado. Aunque Stevie era un buen estudiante, sus notas en la escuela secundaria no habían sido tan buenas como para que lo aceptaran en una universidad importante, sino que se graduó de una universidad menos exigente, por lo que le era muy difícil comenzar su carrera profesional. Terminó su historia diciendo: «Estoy al punto de preguntarme ¿de qué valió tanto sacrificio?». En esos momentos, a Bárbara le parecía que el tiempo, el esfuerzo y el gasto habían sido innecesarios ya que los resultados no cumplieron con sus expectativas. Ella había trabajado medio tiempo para poder criar a su hijo y el resultado fue una carrera profesional que no cubría sus expectativas.

Los sacrificios que hicieron, los años dedicados a su hijo ahora los habían dejado con un vacío; lo que hay al final de aspiraciones equívocas es desilusión. Debemos asegurarnos de que los deseos y esperanzas que queremos ver cumplidos en nuestros hijos sean celestiales y no de Harvard. Personalmente, creo que el amor nunca se desperdicia, no es un error amar. Estoy segura de que Bárbara no cometió un error al dedicar su vida a su hijo y a su familia, y con el tiempo ella se dará cuenta de que su hijo es una persona amable y cariñosa debido al amor que le dio. A veces damos por sentado lo que tenemos y nos enfocamos en lo que no tenemos.

Es un error que como padres tomemos los parámetros mundanos del éxito y los usemos para validar el triunfo de nuestros hijos y de nuestra forma de crianza. La forma en que Dios ha creado a nuestros hijos no es un error, fueron creados de manera «maravillosa y formidable» (Salmos 139.14). Tal como Dios no mide a las mamás para hallar sus faltas, no debemos juzgar a nuestros hijos en base a los estándares del mundo. Jesús tiene una meta más alta para nuestros hijos que lo que pudiéramos imaginarnos. Esa meta va más allá de la ambición que tiene el mundo por el dinero, la fama y el poder, cosas que no son eternas. Dios llama a nuestros hijos a que se consagren a él. Para nosotras las mamás, los estándares mundanos del éxito son un enemigo real. Por lo general, las expectativas que no llegan a cristalizarse pueden desencadenar trastornos emocionales y desilusión, pero la verdad es que quizás hayamos elegido desde el comienzo el camino incorrecto para nuestros hijos.

Las mamás tenemos que estar convencidas de que nuestro Padre celestial está con nuestros hijos y que los guía. Es necesario que pongamos de lado las expectativas que tenemos con sus vidas porque puede ser que nuestros sueños mundanos no estén de acuerdo con la voluntad de Dios para ellos. Nos lamentamos debido a que nuestras aspiraciones están ligadas a la definición que el mundo tiene del éxito, no porque Dios les haya fallado a nuestros hijos. Dios los ama más que nosotros. Si meditas en esto tu perspectiva cambiará por siempre. El hecho de poder comprender la certeza del amor de Dios por nuestros hijos y el camino que ha trazado para sus vidas, nos ha dado la fortaleza para dejar que Dios desarrolle el plan que tiene con ellos.

Yo me oponía a la idea de que nuestra hija Sasha se enlistara en el ejército de Estados Unidos, después de que se graduara de Dartmouth, pero mi esposo Gregory no. Al orar al respecto, sentí que ella estaba respondiendo al llamado de Dios. También me di cuenta de que tenía que respetar sus decisiones ahora que ya era adulta. Ahora mi rol es apoyar a nuestra hija adulta con oración y cualquier consejo que pida; con el tiempo cada uno de nuestros hijos tiene que labrar su propio camino en la vida, sin estar ansiosos por tener que complacernos a sus padres terrenales. Eso es lo que todas queremos para nuestros hijos; los estamos criando para que sean adultos seguros de sí mismos y responsables cuando tengan que tomar decisiones.

Gregory y yo queremos que nuestros hijos trabajen bien y con excelencia. Hay una tensión intrínseca cuando se trata de inculcar en nuestros hijos las habilidades que les ayudarán en la vida mientras que les inculcamos a la vez el conocimiento de que son amados de manera incondicional. Yo soy culpable de haberles mandado mensajes contradictorios como: «Esfuérzate más y no hagas que te mande de nuevo a la computadora a que hagas mejor tu tarea», que puede sonar como que estoy diciendo: «Si no sacas una nota alta me vas a desilusionar». Una de las habilidades que ayudarán a nuestros hijos en la vida es aprender a hacer bien las cosas, es algo que no se puede sustituir con nada. La comunicación con nuestros hijos tiene que ser matizada para evitar que se sientan reprobados, especialmente cuando son mayores. Debo admitir que, a veces, no es fácil lograrlo a causa de mi naturaleza humana y el hecho de que me canso de repetir el mismo mensaje una vez tras otra. En esos momentos es cuando entra en acción la regla de 10 por 1: diez porciones de amor, afirmación y apoyo por una de crítica constructiva. Saldrás ganando cada vez que uses esta proporción.

ESTUDIA A TUS HIJOS

Mi esposo y yo hemos tratado de conocer bien a nuestros hijos. El tiempo, que es algo de suma importancia en este esfuerzo, ha permitido que las características, sueños y debilidades de ellos salgan a la luz. Hemos tenido muchas oportunidades de graduar nuestro método de crianza para que estén al nivel de sus necesidades. Cuando los observamos detenidamente, podemos ayudar a nuestros hijos a que descubran los dones especiales que han recibido, la meta final es que sigan el llamado de Dios.

No hace mucho, nuestro hijo mayor tenía que tomar una decisión difícil, Gregory y yo le dimos consejos diferentes. Eso le sucede a toda pareja, pero es de suma importancia que Gregory y yo nos mostremos respeto aun cuando no estemos de acuerdo en algo. La vida es complicada, y hay momentos en que el camino por delante es un poco misterioso e infunde temor. A decir verdad, no estoy convencida de que nuestro hijo haya escogido lo mejor, aunque decidió tomar mi consejo. Debemos llevar una vida de fe que dependa totalmente de Dios para que se cumplan sus propósitos mientras que confiamos en su guía y su bondad. No hay nada que pueda sustituir la confianza en una vida de fe.

Podemos ayudar a nuestros hijos a que establezcan metas razonables cuando sabemos cuáles son sus fortalezas y sus debilidades, sus gustos y lo que no les agrada. Gregory y yo no creemos que lograr que nuestros hijos vayan a una universidad prestigiosa nos haga buenos padres. Muchos padres que no son buenos han logrado que sus hijos vayan a buenas universidades; otros se estresan por los logros académicos de sus hijos, porque para nuestra sociedad eso garantiza encontrar un buen trabajo y una buena carrera profesional. Pero aun el ingreso a una de las universidades más prestigiosas no le valdrá de nada a un joven que es de poca confianza, indiferente y grosero. A la larga, el carácter determina nuestro destino. Los padres tenemos que enfocarnos en esa realidad.

Hay una gama de sueños que los padres tienen; quizás sueñes con que tu hijo sea un deportista, actor o músico profesional. Quizás solo puedan llegar hasta cierto nivel en esos campos, aunque la disciplina y el entrenamiento invertidos no serán en vano. Pero si nuestros hijos unen nuestras expectativas paternales, poco realistas, a como se valoran a sí mismos, se volverán amargados. Ellos no fueron creados para cumplir nuestros sueños. Mi mamá trató de vivir indirectamente a través de mí, eso me impidió poder confiar en que ella quería lo mejor para mi vida. Gregory y yo creemos que si ayudamos a nuestros hijos a descubrir la persona para la cual Dios los ha creado que sean, será lo mejor que podamos hacer por ellos. No queremos que sus vidas sean una gran desilusión porque no lograron cumplir con nuestras expectativas poco realistas. Si queremos que nuestros hijos sean grandes hombres de negocio, cuando tienen el don para ser pastores; o si queremos que sean doctores, cuando tienen todos los atributos y el deseo para ser excelentes profesores, les estaremos haciendo un gran daño.

Es muy fácil ser influenciados por los que nos rodean (y podemos pensar: «El hijo del vecino fue a la Universidad de Yale y él no es más inteligente que el nuestro»), o por las tradiciones familiares («En nuestra familia siempre han habido abogados, pastores, maestros»), o por nuestros propios temores en relación al futuro («Si nuestro hijo no entra a esta universidad no va a conseguir un buen trabajo»). Comparar a nuestros hijos con otros siempre es mala idea, compararlos con los abuelos u otros miembros de la familia no es mucho mejor. Aunque no podamos bloquear esas influencias del todo, el futuro de nuestros hijos debe ser determinado por lo que ellos son verdaderamente.

Nosotros, los padres, debemos permitir que el Espíritu Santo nos dirija hacia lo que es mejor para ellos. Los hijos miran la vida desde una perspectiva totalmente diferente. Gregory y yo podemos ver que esto es una realidad en nuestra propia familia. A pesar de que nuestros hijos comparten muchas similitudes, podemos ver que genéticamente hay un límite. Hemos tenido que tratar de una manera diferente con cada uno de ellos desde que eran pequeños. Es más, los errores más grandes que hemos cometido como padres han sido cuando hemos tratado de aplicar las mismas formas de crianza para todos cuando recién comenzábamos nuestra familia.

LAS CONSECUENCIAS DE UN ESTILO DE CRIANZA CON DEMASIADA PRESIÓN

En algunos círculos es muy popular el estilo de crianza en el que hay mucha presión y, porque pareciera que rinde ciertos resultados, se ha convertido —por así decirlo—, en el sabor del mes. Algunos lo llaman el estilo «mamá tigre». Este estilo de crianza va mano a mano con la forma en que el mundo mide el éxito. Lo cierto es que lo único que hace este estilo es debilitar a los chicos, y los pone bajo una tremenda ansiedad por desempeñarse bien y por temor al fracaso. Hay una diferencia entre los chicos y las chicas, de modo que, la forma en que reciben la crianza de sus padres también difiere. Puedo garantizar que esa forma de crianza, «mamá tigre», no hubiera dado resultado con mis hijos varones. Mi esposo y yo conocemos a muchos chicos, especialmente varones, que tienen heridas profundas causadas por una «mamá tigre».

Mi hija, que florece cuando logra algo, se hubiera vuelto una persona amargada si hubiéramos usado ese estilo de crianza. Lo que Sasha quiere es recibir el amor y apoyo que Gregory y yo le podamos dar, ella es muy susceptible cuando siente que alguien la juzga o critica. Si hubiera utilizado ese estilo de crianza nuestra relación de mamá e hija se habría vuelto agria. Sasha y yo estuvimos en una lucha constante por cinco años porque yo quería que tocara el piano. Después de un tiempo me di cuenta de que no valía la pena pagar el precio por lo que se podría lograr. Dejé de lado mi sueño de que pudiese llegar a ser pianista porque la vi desenvolverse en otras actividades que sí disfrutaba. Estoy feliz por haber puesto de lado mi sueño, ya que eso restauró la paz a nuestra rutina familiar. Sasha volvió a tomar clases de canto, su verdadero talento, para satisfacer su habilidad artística.

Ante la actitud de nuestros hijos varones, como la de muchos chicos y jovencitos, de «vivir para el momento», hemos tenido que emplear mayor responsabilidad. Gregory y yo tenemos la regla de 10 por 1: diez porciones de amor, ánimo y apoyo por cada porción de disciplina. De modo que cuando les pedimos que sean responsables de sus tareas y labores, tenemos cuidado de no quebrantar su espíritu con las actividades académicas. Nuestros hijos necesitan de nuestra ayuda y apoyo para descubrir sus propios dones. Necesitan que tengamos paciencia con sus dones y que les ayudemos a desarrollar esas habilidades.

LOS ESTUDIOS: LAS DECISIONES SABIAS

Es muy importante que nosotros y todos los padres podamos usar los estudios como parte del desarrollo de nuestros hijos, sin olvidar que la meta final es que todos ellos lleguen al cielo, no a Harvard. La educación en el siglo veintiuno es una aventura que requiere valor y sabiduría. Las decisiones que mis padres tomaron en cuanto a nuestros estudios era lo típico de sus tiempos y su clase socioeconómica. Ellos escogieron una ciudad en el estado de Nueva Jersey que tenía una buena reputación en cuanto a sus colegios estatales por lo cual no tuvieron que preocuparse ni buscar otras alternativas. Antes de que cumpliera cinco años mis padres establecieron la ruta que seguiría en cuanto a mis estudios, solo tuve que seguir en piloto automático hasta el momento en que tuve que llenar las solicitudes para ir a la universidad. Para los padres de aquella generación, por lo menos para los de la clase media, la ruta a seguir era clara y directa.

Hoy los padres tienen algo que los nuestros no tuvieron: elección. Hay varios factores por los cuales existe la elección, pero creo que el más importante es que los padres no están contentos con lo que sucede en muchas de las aulas. A fin de cuentas, nos toca a nosotros considerar lo que es mejor para nuestros hijos y para nuestras familias cuando nos toca la tarea tan difícil de elegir entre tantas escuelas: escuela pública o estatal, escuela subvencionada, escuela especializada, escuela cristiana, escuela privada, escuela en la casa. La gran variedad para escoger puede ser algo confuso, pero cuando observamos a nuestros hijos y vemos cuál es su estilo de aprendizaje, y cuáles las opciones a nuestra disposición, las cosas se hacen más claras.

Cuando comenzamos el proceso de elegir una escuela para nuestros hijos, mi esposo y yo nos sentimos algo intimidados ante las elecciones que teníamos a nuestra disposición. Juntando todos los años de estudios con nuestros hijos, más de cincuenta en total, consideramos que cualquiera de las opciones es buena. Hay varios factores importantes a considerar cuando tenemos que elegir cuál es la mejor opción para nuestros hijos, pero el principal es cuál será el mejor ambiente de aprendizaje para él o ella, en lo académico, moral y social. Para saber cuál es la mejor opción tenemos que conocer bien a nuestros hijos.

En nuestra familia, hemos escogido escuelas cristianas; escuelas públicas, en diferentes estados; escuelas privadas, también en diversos estados y en países extranjeros; y escuela en la casa, con dos de nuestros hijos; hemos probado de todo. No elegimos ese camino porque éramos éticos o porque estábamos buscando lo que era popular en el momento. Es más, mi padre siempre decía que los chicos necesitan rutina y estabilidad, con lo que estoy totalmente de acuerdo. Pero cuando una situación académica no funciona, es importante que tengamos el valor para cambiar el rumbo si es necesario. Hemos aprendido a orar por cada hijo pidiendo la dirección de Dios para el año siguiente. Ya no es viable pensar que hay un solo estilo de educación y que esa es la respuesta. Tenemos que chequear la escuela constantemente, y estar dispuestos a escuchar a Dios si tenemos que cambiar el rumbo de la educación de nuestro hijo.

Por ejemplo, cuando nuestro hijo Daniel estuvo en cuarto grado, fue víctima del *bullying*, en una escuela privada en Bermuda. Todos los días se enfrentaba al abuso verbal, los empujones y los empellones. Los consejeros de la escuela simplemente se rindieron ante la situación y el director no hizo nada por ayudar; supuestamente, esa era la mejor escuela en Bermuda. Daniel es una mezcla interesante de carisma y estoicismo, así que, al principio no se quejaba. Un día nos hizo saber que se le estaba haciendo difícil ir a la escuela. Hicimos todo lo que pudimos para que los profesionales de la escuela tomasen cartas en el asunto, pero no hicieron nada. Después de orar mucho, sacamos a Daniel de la escuela y comenzamos a enseñarle en casa.

Nunca sentí el llamado para enseñar en casa, no tengo dudas pedagógicas o filosóficas en cuanto a la enseñanza en casa, simplemente que no pensaba que podía hacerlo. Es clave saber quiénes somos en nuestro rol de mamá y aceptar nuestras limitaciones. A comienzo de los años 1990 conocí a una familia en la que la salud de la mamá era muy frágil, aun así ella trató de enseñar a sus hijos en casa, pero no funcionó. Cuando la mamá estaba cansada y no tenía ánimo para enseñar, no lo hacía. Esa situación en particular no terminó bien. Por otro lado, he visto familias que han hecho cosas increíbles por medio de la enseñanza en casa, y tengo una gran admiración por ellas debido a su dedicación. Es de suma importancia evaluar nuestras fortalezas y limitaciones si queremos que sea una experiencia exitosa. No enseñes a tus hijos en casa simplemente por el hecho de que piensas que debes hacerlo o porque en tu comunidad todos enseñan a sus hijos en casa. Ese tipo de enseñanza es un compromiso enorme y demanda mucha autodisciplina para que todo salga bien. Por otro lado, no rechaces la enseñanza en casa porque parezca rara o intimidante.

Eso de la educación no es nada fácil ni para los padres ni para los chicos. Tomemos en cuenta esta realidad: si a un adulto no le gusta su ambiente, si no está contento con su lugar de trabajo o si le parece que lo que sus compañeros hacen es inmoral, se puede ir. En muchos casos nosotros ponemos a nuestros hijos en situaciones difíciles, es como si les dijéramos: ¡haz que las cosas funcionen! Aunque algunas personas discutan con mi afirmación de que tenemos plena libertad de salir de una situación profesional difícil (porque hay cuentas que pagar), lo cierto es que podemos encontrar otros trabajos, quizás con un poco de dificultad, pero lo podemos hacer, y podemos poner límites a las personas disfuncionales en nuestro lugar de trabajo. Nuestros hijos no pueden salirse de una situación negativa en la escuela. Si no hacemos lo que debemos como padres, estaremos dejando a nuestros hijos en situaciones en las que son sujetos del *bullying*, el abuso y cosas peores.

Enseñamos a Daniel en casa por seis meses. Adapté el horario a su favor. Hay estudios que demuestran que los chicos aprenden mejor en las escuelas que comienzan un poco tarde, pero la mayoría empieza temprano porque es más fácil para los padres que trabajan. Sin embargo, lo que es difícil en la escuela se puede arreglar en la casa con facilidad. Así que establecimos nuestra rutina diaria de ejercicio físico de 9:00 a 9:30 a.m. Él podía nadar en la piscina y correr alrededor de nuestro vecindario. Eso le ayudó a despertarse ya que le gusta dormir en la mañana. Luego se reunía conmigo a las 9:30 en el comedor y comenzábamos nuestro día con el curso de inglés. En el transcurso de seis meses leímos algunas de las novelas cortas más famosas del mundo, esa fue una revelación para Daniel, que estaba convencido de que no le gustaba la lectura. Su novela favorita fue: *La muerte de Iván Ilich*, del escritor León Tolstoi. Hasta el día de hoy Daniel hace referencia a la novela, el mejor ensayo que escribió fue basado en esa historia; en esos meses se convirtió en un lector dedicado.

La lección favorita de Daniel durante el día era ética bíblica, se entusiasmaba mucho con esa clase. Para mí esos seis meses fueron unos de los que más disfruté con él. Gregory le enseñó francés y matemáticas. Daniel pudo progresar mucho porque se le exigía que fuese responsable de acuerdo a su ritmo y nivel. Una clave del éxito académico es la crítica constructiva inmediata. Es algo que ningún maestro puede proveer de manera congruente en una clase con más de veintitantos alumnos, por muy bueno o buena que sea.

Después de regresar de Bermuda nos vimos en una posición difícil para enseñar en casa a nuestro hijo mayor que estaba en la secundaria. No sabíamos con seguridad cuales serían los resultados, pero si que no le estaba yendo bien en el primer mes en una escuela en Estados Unidos. Aunque le había ido bien en una escuela británica, no fue lo mismo en la estadounidense. No podíamos permitir que los dos últimos años de su educación secundaria fuesen una pesadilla que él no había ocasionado. Así que creamos un programa de estudios independiente especialmente para él, que fue efectivo. El consejo que recibimos de parte de una familia que había enseñado a sus hijos en su casa y les había ido muy bien, fue la clave de nuestro éxito. Nos aconsejaron que creáramos un plan de estudios que mostrase excelencia cuando empezáramos el proceso de presentar solicitudes a las universidades. Es de suma importancia tener metas claras cuando enseñamos en casa. Christian está en su último año en una escuela de la Liga Ivy, todo por la gracia de Dios.

ACEPTAR EL FRACASO

El esfuerzo de enseñarle a tu hijo o hija cómo lidiar con el fracaso se verá recompensado en gran manera en su vida. Para muchas de nosotras, el temor al fracaso ha sido algo tóxico, lo único que trae es desilusión y amargura. Tenemos que aceptar el punto de vista de Dios acerca del mundo y reconocer que el fracaso es parte de ser humanas. Por más ilógico y contracultural que sea, tenemos que aprender a aceptar el fracaso y enseñarles a nuestros hijos a hacer lo mismo. Hay un gran poder espiritual cuando lo aceptamos, aprendemos de él y se lo llevamos a Dios para que lo redima.

Yo he experimentado muchos fracasos en mi vida; algunos cuando era profesional y otros como mamá. Mi esposo tiene un récord académico impecable, por lo que después de graduarse de la Escuela de Negocios de Harvard, vivimos en París, Nueva York y Buenos Aires. Fue contratado en Silicon Valley, donde llegó a ser el director ejecutivo de una incipiente y exitosa empresa puntocom. Gregory posó en la portada de la revista *Time* y Po Bronson le dedicó todo un capítulo al éxito y al estilo optimista de mi esposo, en su nuevo libro mejor vendido: *El nudista del turno de noche*.[1] Todo parecía ir viento en popa en nuestras vidas cuando llegó el colapso del puntocom. Estuvimos muy agradecidos porque a Gregory no lo despidieron, ni lo enjuiciaron, ni lo metieron a la cárcel como a muchos de sus compañeros, pero fueron años muy dolorosos.

Nuestra fe en nuestro Padre celestial es lo que nos permitió pasar por ese período tan difícil de fracaso público. De hecho que tomó tiempo, ya que la muerte de los sueños es algo difícil. Pero ahora, cuando Gregory les habla a nuestros hijos o a los estudiantes de la Escuela de Negocios de Harvard acerca de las realidades del éxito y el fracaso lo escuchan con mucha atención. Cuando nuestros hijos nos piden un consejo, saben que la sabiduría que tenemos está basada en experiencias ganadas con dolor; los jóvenes adultos deben aprender que la vida nos enseña humildad y que el fracaso es parte del proceso.

Los estudiantes de Gregory de Maestría en Administración de Negocios solo esperan que les digan cuál es la ruta que garantiza el éxito, pero él les habla profundamente acerca del fracaso. Mis hijos prestan atención cuando les digo: «No se rindan ni cedan», pues nos han visto vivir en carne propia lo que les decimos. Veo que se va desarrollando en ellos una valentía y una determinación reales. Si tomamos un poco de tiempo para aprender algo de las lecciones que nuestro Padre celestial tiene para nosotros en nuestros fracasos, aun un gran fracaso puede servir para que tengamos un entendimiento profundo y compasivo de la vida así como un mejor entendimiento de lo que somos.

Si les enseñas a tus hijos a aceptar el fracaso y a no tener miedo a sus consecuencias, desatarás una libertad y una creatividad que causarán gozo. Tus hijos no tendrán miedo de probar cosas nuevas ni de aventurarse en la vida. Si le tienen miedo al fracaso es porque esperan ser medidos severamente. No querrán aventurarse a salir de lo común. Aun si encuentran el coraje para explorar cosas nuevas, se verán reprimidos por la ansiedad del desempeño. La vida no es una actuación, es una oportunidad para estar presente en el mundo de Dios, para hallar significación y gozo en lo que él pensó que hiciéramos cuando nos creó. Algunos de los fracasos son parte del plan de Dios porque él sabe que hay ciertas verdades profundas que no vamos a poder dominar vía el éxito.

Muchas cosas malas pueden suceder si no les enseñamos a nuestros hijos a manejar el estrés del fracaso. El 16 de diciembre de 2013, mi esposo fue a la Universidad de Harvard para asistir a una reunión de negocios. Era temprano por la mañana, y se sorprendió cuando la policía no le dejó entrar a Harvard Yard. La Universidad de Harvard estaba bajo cierre debido a una amenaza de bomba de una fuente desconocida. Los periodistas abordaron a Gregory y le preguntaron cuál era su opinión ante esa situación tan peligrosa. Ese incidente en Harvard hizo noticia en los titulares internacionales. Pero luego se descubrió que no hubo ninguna amenaza. El FBI siguió la pista de los correos electrónicos amenazadores y los llevó a un estudiante de Harvard. El joven Eldo Kim, de veinte años de edad, había inventado un plan extravagante para no tener que rendir exámenes finales. Envió correos electrónicos a las autoridades de Harvard avisándoles que las bombas estaban en diferentes edificios del campus. En los correos electrónicos escribió: «Sean rápidos porque estallarán pronto».[2] Afortunadamente solo era un engaño, pero Kim enfrenta los resultados de sus acciones: lo prendieron, lo expulsaron de Harvard y tiene que cumplir tiempo en prisión.

En los recintos universitarios de la nación, muchos estudiantes están tomando medidas extremas para lidiar con el estrés de sacar las mejores notas. El mismo artículo del *Huffington Post* lo dice sin rodeos: «Los expertos dicen que la salud mental de los estudiantes se está convirtiendo en el punto de enfoque de los recintos universitarios».[3] Es impresionante el número de chicos que llegan a esos lugares con problemas mentales y los psicólogos les han advertido recientemente a la American Psycological Association [Asociación Estadounidense de Psicología] que: «Es difícil [para los centros de consejería] poder atender a la cantidad de estudiantes que vienen a nuestras oficinas».[4] En una cita de John Gunn, el presidente de American Counseling Association [Asociación Estadounidense de Consejería], dijo: «Con frecuencia se oye hablar a aquellos que trabajan en la educación superior, de la percepción de que los estudiantes llegan al campus con menos recursos que les ayuden a sobrellevar el estrés, si uno vincula esta situación con el aumento de presiones y expectativas que se imponen a los estudiantes, no es de sorprenderse que cualquier estudiante recurra a algún tipo de medida drástica como esta».[5]

Nuestros hijos están creciendo con mucha más riqueza material que nosotros. Como lo dijera mi mamá, en los años 1960 y los 1970, aun si una familia tenía dinero, había menos cosas para comprar. Dijo eso mientras esperábamos a que nos atendieran en un McDonald y observábamos a los chicos que abrían los juguetes gratis que venían en su cajita feliz. Dondequiera que vayan los chicos, reciben regalos gratis: bolsitas de regalos, cosas gratis en los eventos deportivos, etc., etc. La riqueza material no equipa a nuestros hijos para que manejen las realidades de la vida. Tenemos que ayudarlos a que desarrollen un punto de vista realista de la vida. Yo me gradué de la universidad en los años 1980 en medio de una economía muy difícil. Mi generación fue criada para descubrir cómo construir nuestras vidas lo mejor que pudiéramos. Sabíamos de antemano que teníamos que luchar para conseguir un trabajo. Teníamos ambiciones, pero no al nivel mítico que es para muchos padres y chicos hoy. Yo no tenía miedo de que un fracaso pudiese arruinar mi vida. Veía la universidad como una parte importante de mi éxito, pero no era un ídolo del cual dependía si mis sueños se realizaban o se hacían añicos.

A muchos de nuestros jóvenes se les niega esa libertad de poder aceptar el fracaso y no tenerle miedo al futuro. Los chicos recurren al engaño, a las drogas, para mejorar el rendimiento, y a otras estrategias porque le tienen temor al fracaso Temen no ser lo suficientemente buenos. Dios quiere que nuestros hogares sean bastiones de su amor y su guía, no de juicio y condenación si es que el rendimiento no cumple con las expectativas. Seamos mamás que estudian a sus hijos para comprender que nuestro Padre celestial los ha creado para que sean seres humanos únicos y para que le permitamos al Espíritu Santo que nos guíe en su crianza.

Medita en lo siguiente

La Palabra de Dios

Nadie tenga un concepto de sí más alto que el que debe tener, sino más bien piense de sí mismo con moderación, según la medida de fe que Dios le haya dado. Pues así como cada uno de nosotros tiene un solo cuerpo con muchos miembros, y no todos estos miembros desempeñan la misma función, también nosotros, siendo muchos, formamos un solo cuerpo en Cristo, y cada miembro está unido a todos los demás. Tenemos dones diferentes, según la gracia que se nos ha dado. (Romanos 12.3–6)

¡Te alabo porque soy una creación admirable! (Salmos 139.14)

Pero el propósito de nuestra instrucción es el amor *nacido* de un corazón puro, de una buena conciencia y de una fe sincera. (1 Timoteo 1.5, LBLA)

Palabras de los autores

«Nuestra meta para nuestros hijos debería ser discernir, a medida que crecen, cuáles son sus verdaderos dones, y no qué es lo que nosotros queremos que sean. A su vez, ese discernimiento va de acuerdo con el deseo de Dios de que sean adultos seguros y maduros, cosas que necesitan para poder crear en el futuro vidas equilibradas y saludables».

Evalúa

1. ¿En tu rol como padre has usado los parámetros mundanos del éxito para validar el triunfo de tu estilo de crianza?
2. Criar a nuestros hijos en base al temor es causa de la autoderrota. Menciona otros motivadores que tengan el mismo efecto. ¿Cuáles son un problema para ti?
3. Si el éxito y los logros no son las metas finales, ¿cuáles lo son?
4. ¿Crees la siguiente afirmación: «Si les enseñas a tus hijos a aceptar el fracaso y a no tener miedo a sus consecuencias, desatarás una libertad y una creatividad que causarán gozo»? ¿Por qué?
5. ¿Crees que Dios ama a tus hijos más que tú y que puedes confiar que Dios cuidará de ellos?

Resumen

La vida es una oportunidad para estar presentes en el mundo de Dios, para encontrar un gozo profundo en cualquiera que sea aquello para lo que nos ha creado. Los fracasos son parte del plan de Dios porque él sabe que hay ciertas verdades que sencillamente no podemos dominar vía el éxito. Si criamos a nuestros hijos para que acepten todo lo que viene en la vida los librará del temor, eso es lo que todos queremos para ellos.

Siete

El sexo, las drogas y el rock and roll: respuestas a las preguntas difíciles

U nos años atrás, Tyler Charles escribió un artículo para la revista *Relevant* que ha sido muy citado. El título del artículo es: «(Almost) Everyone's Doing It: A Surprising New Study Shows Christians Are Having Premarital Sex and Abortions as Much (or More) than Non-Christians» [Casi todos lo hacen: un nuevo y sorprendente estudio muestra que los cristianos tienen relaciones sexuales antes del matrimonio y abortos, tanto, o más, que los no cristianos].[1] Al comienzo del párrafo, Charles escribe que ochenta por ciento de los jóvenes cristianos solteros han tenido relaciones sexuales y que dos tercios han estado activos sexualmente desde el año pasado. Quizás, como yo, tengas un poco de dudas respecto a esas estadísticas ya que se pueden manipular fácilmente. Pero sean exactas o que haya un margen de error de treinta por ciento no es lo más importante. Sea lo que sea tales estadísticas atemorizan a los padres, ya que ese es un reflejo de la lucha con la que nos enfrentamos hoy, aun en la iglesia. Es muy común que los padres cristianos críen a sus hijos en una burbuja, con el fin de protegerlos de todo, pero por lo general esa burbuja se rompe ante el mundo real. El primer error de una mamá es ignorar el mundo real. El segundo es que, con frecuencia y sin darnos cuenta, nos amoldamos a este mundo.

Resulta que oponernos a la cultura dominante de hoy es una batalla cuesta arriba, aun para las familias más sólidas. En este capítulo queremos abordar algunos de los temas más difíciles con los que las mamás nos enfrentamos hoy. Vamos a ver cómo podemos lidiar con una gran variedad de retos específicos y tentaciones con las que se enfrentan nuestros hijos. A la vez. exploraremos cómo podemos establecer patrones piadosos que puedan ayudarles a estar firmes contra las fuerzas prevalecientes de la cultura.

ORAR SIN CESAR

«Estén siempre alegres, oren sin cesar, den gracias a Dios en toda situación, porque esta es su voluntad para ustedes en Cristo Jesús» (1 Tesalonicenses 5.16–18). Cuando mantengo mis ojos abiertos para ver lo que mis hijos hacen, y permanezco conectada a Dios en intercesión por ellos, me viene a la memoria esta verdad: no importa cuánto ame yo a mis hijos, Jesús los ama aún más. Él está sentado a la diestra del Padre intercediendo por ellos. Así es: Jesús ora por nosotros y nuestras familias, en este mismo momento, mientras yo escribo esta oración, y mientras que tú lees este libro. Y quiere que hagamos lo mismo.

Estoy convencida de que no hay forma en que pueda orar demasiado durante el día: por mí, por mi familia, por la comunidad a mi alrededor. «Oren sin cesar» quiere decir que cuando estoy en el carro, en lugar de escuchar música, el mejor uso de mi tiempo es la oración. Me he afiliado a todos los grupos de oración que están a mi disposición. He formado grupos de oración dónde no los habían. Oro por la noche y durante el día, con mis hijos y con mi esposo. La oración es el arma espiritual más importante que tenemos las mamás, porque nos pone en comunicación directa con Jesús.

Gregory y yo oramos todo el tiempo para que si nuestros hijos están tramando algo, seamos nosotros los *primeros* en enterarnos y no los *últimos*. Dios ha respondido mi oración en muchas ocasiones, aunque a veces tanto la realidad como las consecuencias hayan sido desagradables. Dios se ha movido en muchas formas en nuestro matrimonio y en nuestros hijos, a través de la oración. Puedo decir con sinceridad que la fe de nuestros cuatro hijos está en puntos diferentes, pero cuando las cosas se ponen difíciles, todos buscan a su Padre amoroso en oración.

Gregory y yo empezamos a orar por nuestros hijos desde que estaban en el vientre, y ahora oramos por su porvenir. No veo la hora en que conozcamos a sus futuros cónyuges, por quienes he orado por más de dos décadas. Mi hija nos ha dicho que será una gran responsabilidad traer a la casa a un pretendiente, debido a nuestras oraciones. Eso es para bien.

ES NECESARIO COMPRENDER LA HISTORIA DEL CRISTIANISMO

Criamos a nuestros hijos en un mundo que se burla de los conceptos que estamos tratando de enseñarles. Es triste decirlo, pero en muchas partes de nuestra sociedad, ser cristiano no es chévere. Por esa razón es súper importante que nuestros hijos sepan que son parte de una fe que ha cambiado al mundo en forma positiva en el transcurso de miles de años. No subestimes el impacto que tiene en nuestros hijos el desdén de las élites culturales por nuestra fe. Ello penetra casi todos los aspectos de los medios de comunicación y el medio académico de hoy. Francamente, esa ha sido una lucha en nuestra familia, ya que nuestros hijos quieren ser vistos como que son sofisticados y chéveres, parte del grupo «popular».

Todos queremos ser parte de algo que sea más grande que nosotros, por eso es que los chicos especialmente quieren ser parte de un club. Los padres cristianos tenemos que asegurarnos de que nuestros hijos no se avergüencen de la fe. Para que ellos puedan aceptar el cristianismo, tienen que estar orgullosos de su fe. Lo bueno es que hay mucho de qué estar orgullosos. No importa lo que el mundo diga de nuestra fe, nuestros hijos tienen que tener plena confianza en que el cristianismo es digno de sus vidas. Por supuesto que esto comienza con el hecho de que tengan una verdadera relación con Jesús, lo que incluye comprender por lo menos algunas de las cosas importantes que los cristianos han hecho por el mundo. No es casualidad que nuestra fe sea la más grande y la de mayor crecimiento en el mundo.

El cristianismo ha sido lo que ha impulsado muchos de los avances culturales más importantes de la historia; ya sea la abolición de la trata de esclavos; el establecimiento del sufragio universal; y el sistema legal moderno (la «justicia para todos», procede directamente del concepto bíblico de que todos somos iguales ante los ojos de Dios); o la idea de que el rico tiene la responsabilidad de ayudar al pobre (que procede de las palabras de Jesús cuando dijo: «A todo el que se le ha dado mucho, se le exigirá mucho» [Lucas 12.48], al igual que otros pasajes bíblicos). Los cristianos fueron la fuerza promotora detrás de la gran explosión literaria en el mundo. Como ellos quieren que todos puedan leer las Escrituras, han sido los defensores de la educación universal. Algunos de los grandes líderes de Estados Unidos, como Abraham Lincoln, aprendieron a leer usando la Biblia. Esta es una de las muchas formas en que la iglesia ha sido una fuerza firme de bien para nuestro mundo por dos mil años.

Lo que es irónico es que vivimos en una época en la cual se ve a la tolerancia como un bien supremo, excepto cuando se trata de asuntos de la fe cristiana. Existe una tendencia paradójica bajo esta cosmovisión de burlarse y despreciar a los cristianos. Uno de nuestros hijos nos contó mientras cenábamos que en su escuela pública se aceptan todas las religiones, excepto el cristianismo. Hoy no es chévere ser cristiano, por tanto nos toca a nosotros los padres instruir a nuestros hijos no solo en las Escrituras sino también en la gran historia de nuestra fe. Los chicos que se sienten avergonzados por su fe, bajo la estela de la creciente burla e intolerancia, hallarán razones para alejarse de ella. Como padres, tenemos que hacer el hábito de instruirlos no solo en las Escrituras sino también en lo que respecta a la admirable historia de nuestra fe.

No vamos a negar que ha habido muchas fallas a lo largo de la historia de la iglesia, pero no vamos a culpar a Cristo por las fallas de algunos cristianos. Las fallas se deben poner a los pies de los humanos, no del Creador. La esencia del evangelio es que necesitamos un Salvador. El ministro que no busca consejo sabio o el líder eclesiástico que comete adulterio necesita de un Salvador igual que todos nosotros. Ayuda a tus hijos a entender que el cristianismo está compuesto por más de dos billones de personas. En un grupo tan grande como este van a haber excepciones a la regla. Podemos señalar los logros de muchos de sus seguidores: la Madre Teresa, Tomás de Aquino, Corrie ten Boom, Martin Luther King, Billy Graham, personas que representan un gran testimonio del increíble impacto de bien que nuestra fe ha tenido a través de los siglos.

Nuestro hijo menor, Nicholas, ha demostrado mucho valor cuando comparte y defiende su fe. Al final de la ceremonia de su graduación del quinto grado, cada uno de los chicos y chicas que se graduaban tuvieron la oportunidad de contar cuál era la carrera profesional en la que pensaban. En nuestra ciudad, que es de la Liga Ivy, tales aspiraciones eran de esperarse: doctores, arquitectos, escritores, maestros, etc., etc. Nicky fue uno de los últimos en acercarse al micrófono, cuando dijo: «Quiero ser misionero cristiano en Asia», se pudo oír el asombro de todo el auditorio. Nuestro deseo es que nuestros hijos tengan fortaleza interna, para ello necesitan saber qué es lo que creen y por qué; necesitan de nuestra ayuda en eso, pero su relación personal con el Señor será el fundamento sobre el cual edificarán su fe.

Una de las verdades profundas de la Biblia es que si nosotros (y nuestros hijos) aceptamos los caminos de este mundo, con el tiempo adoptaremos sus características. Y nos amoldaremos a sus modos de comportamiento si no incorporamos las verdades en forma activa a nuestras vidas. Solo al establecer una relación con Jesús nuestros hijos podrán elegir los caminos del Señor ya que no tiene el mismo atractivo sensual que una vida de sexo, drogas y *rock and roll*. Sabemos que nuestro Padre celestial no quiere que nos conformemos al molde de este mundo, al contrario, quiere que seamos «transformados por la renovación de nuestras mentes» (Romanos 12.2).

EL SEXO

El punto de vista de la sociedad acerca del sexo tiene fallas profundas y es hiriente. Además, es una de las razones causantes de la idolatría de nuestra cultura en cuanto al amor romántico. Muchas de nosotras vemos al amor romántico como la gran búsqueda de nuestras vidas. Aunque en los siglos anteriores el amor divino o *ágape* era visto como el mejor ejemplo de amor verdadero, hoy muchos miran al *eros* (el amor romántico o sexual), para sentirse satisfechos. Nuestra cultura propaga la creencia de que el amor romántico debería ser la relación más satisfactoria en nuestras vidas. De modo que cuando no lo «encontramos» nos sentimos desilusionadas e insatisfechas.

Yo me puedo identificar con esa verdad porque, por muchos años, el amor romántico era la respuesta a mi identidad que estaba herida. Sin embargo, en vez de encontrar mi sueño, encontré a un hombre. Somos muchas las que llegamos al matrimonio con expectativas irreales. Hemos recibido las imágenes de lo que los medios de comunicación piensan que es el amor, pero con frecuencia las tensiones de la vida real separan a las personas. No es el amor romántico lo que ayuda a una pareja a mantenerse juntos y construir una familia, sino el respeto mutuo, la amistad, la buena comunicación y el deseo de una visión mucho más grande que cualquier otra cosa.

Por medio de nuestra relación con Dios es que experimentamos aquello que es importante y transcendente, es decir, nuestra relación con nuestro Padre eterno es la fuente del compromiso y el amor continuo que buscamos. Debemos mostrarles a nuestros hijos ese mismo compromiso, ya que como se sabe en la crianza de los hijos, más se aprende por ejemplo que por enseñanza. Si nuestro propio matrimonio es un ejemplo de cómo caminar juntos en amor, respeto y mucho perdón, haremos que el camino de nuestros hijos sea un poco más fácil.

Son muchas las jovencitas que ponen fotos indecentes en Facebook, Instagram y otros medios sociales, para llamar la atención. Hoy las mujeres son cómplices de un proceso deshumanizador que es tan viejo como el tiempo. Lena Dunham, es la actriz principal y escritora del programa *Girls*, de HBO. Este programa, y muchos como este, representan al sexo como algo que no tiene ninguna conexión profunda con otro ser humano, y es reducido a algo que se hace simplemente como por entretenimiento. *Girls*, como muchos programas y películas de hoy, son el reflejo de una generación de jóvenes adultos que están convirtiendo al sexo en expresiones degradantes de algo meramente físico, lo que a su vez promueve el trato continuo de la mujer como un objeto.

A las mujeres de ese show se les llaman «chicas». Pero una mujer de veintiséis años, ¿es todavía una chica? Una de las tareas de todas las familias es criar hijos que acepten la madurez y la sabiduría que la experiencia provee. No hace mucho le preguntaron a Dunham por qué aparecía desnuda muchas veces, sin razón, durante el programa.[2] Su respuesta fue: «Si no le caigo bien a alguien, ese es su problema, y vas a tener que arreglar eso con cualquier profesional que hayas contratado». Lo que está queriendo decir con esa respuesta es que el sexo trae ganancias, y que las mujeres deberían tener participación para beneficiarse de ello. Lo triste es que, esta corriente cultural va a empeorar con el transcurso del tiempo, porque esa corriente crea mucha ganancia financiera. Lo que le gusta a la gente se está poniendo cada vez más bajo para excitar a una audiencia a la que cada día más nada le sorprende.

Entonces, ¿cómo criamos chicos y chicas que no vayan a devaluar al sexo? Nuestros hijos deben saber quiénes son y qué es lo que creen, ya que vivimos en una cultura que predica la tolerancia pero es intolerante con los valores morales altos. Con frecuencia las élites culturales se burlan y ridiculizan a la virtud como si fuera algo anticuado e innecesario. Los papás y las mamás que en el hogar son ejemplo de fidelidad y respeto, ayudarán a que sus hijos vean la bendición que viene como resultado de una vida matrimonial sólida. El respeto es un ingrediente esencial para poder entender lo importante que es valorar el sexo. Si los hijos ven que sus padres respetan al Señor, se respetan entre sí, y si ven que toman decisiones sabias a favor de la familia, ellos también podrán experimentar la bendición que fluye de una relación como esa. Nuestros hijos desearán tener una relación igual cuando sean adultos. A la vez estarán equipados con las bases para poder construir sus propias familias funcionales y amorosas.

Los amigos de nuestros hijos son una parte integral de sus vidas. El versículo que dice: «Las malas compañías corrompen las buenas costumbres» (1 Corintios 15.33), destaca la importancia de las buenas amistades. Los chicos son sobrevivientes, al menos a corto plazo. Por ello, si se encuentran en una mala situación, harán lo posible porque esa situación funcione. Los adultos podemos escoger nuestras amistades, pero los chicos están limitados al vecindario y a la escuela. Ellos quieren tener amigos, quieren estar en comunidad y quieren ser populares. A veces, porque tienen temor o les falta confianza, no escogen amigos que sean buenos. Se les hace más fácil tomar buenas decisiones en la vida si sus compañeros las toman. Este punto es obvio, pero muy importante. Si tus hijos tienen amigos que los están llevando a la deriva, mami, quizás vas a tener que tomar decisiones drásticas, como cambiarlos de colegio o tener que enseñarles en casa. Nuestra familia estuvo en esa situación, y estamos contentos porque no esperamos en forma pasiva a que las cosas mejoraran. Es muy raro que el simple hecho de esperar que algo suceda haga que las cosas salgan como quieres.

NUESTROS HIJOS Y LAS CITAS

Esta es un área que con justa razón puede ser intimidante para los padres. En mi generación, salir con alguien era algo que comenzaba en la secundaria; hoy se inicia entre el quinto y el octavo grados. Lo mismo sucede con otros problemas con los que se enfrentan nuestros hijos, tienen que tratar con áreas de la vida que son muy sensibles a una edad mucho menor que las generaciones anteriores. De hecho que los chicos de doce y trece años son más vulnerables que los que están en la secundaria, por esa razón no les permitimos que salgan con alguien en esa etapa, solo cuando estuvieron en la secundaria comenzamos a permitirles que salieran con alguien bajo estricta vigilancia. Es más, no fuimos muy populares con algunos de nuestros hijos por un tiempo Pero recuerda: no somos llamados a ser populares con ellos, hemos sido llamados a ser padres.

Tenemos que hablar con ellos acerca de cuáles son nuestras normas en cuanto al sexo a una edad más temprana, debido a la cultura sexualizada en la que vivimos. No podemos permitir que el mundo nos diga y moldee nuestros estándares. Los principios del mundo están infiltrando los lugares en que nosotros los padres menos pensamos. Gregory y yo tratamos de ser muy cuidadosos en cuanto a los programas de televisión y las películas que miran nuestros hijos. Eso ha causado un poco de problemas con otros padres que piensan que cualquier cosa que haya en más de quinientos canales es adecuado para un chico de diez años. Tenemos mucho cuidado con el plan de estudio de la escuela que tiene mucha influencia sexual. Leemos todo lo que llega a nuestras manos y vamos a las reuniones de padres de familia. Hemos aprendido a confrontar, sin timidez, las reglas que violan nuestra responsabilidad paterna.

Los padres tenemos que ser los que proporcionen información a nuestros hijos acerca de las realidades de la vida, de acuerdo a su edad, ya que el mundo lo hace sin temor alguno. Debemos hablar con nuestros hijos acerca de salir con otros y la decisión de mantenerse puros desde que son pequeños, aunque eso abra la puerta para otras conversaciones difíciles. Si este fuese el caso, no debemos dejar de hablarles de esos temas. Estamos nadando contra la corriente en casi todos esos asuntos, debemos hablar con ellos continuamente acerca de las bases bíblicas y científicas de nuestras convicciones.

Si nuestras hijas tienen un lazo fuerte y saludable con sus papás, van a desear que sea lo mismo en la relación con sus posibles cónyuges. Si los padres se muestran un gran respeto entre sí, y si valoran las conexiones físicas y emocionales en su relación, podrán pasarles a sus hijos grandes ejemplos generacionales. Además, eso contrarrestará en gran manera los dominantes vientos culturales.

LAS DROGAS

Nigella Lawson es una exitosa escritora de libros de cocina y anfitriona de televisión. Su divorcio estuvo en los encabezados de las noticias internacionales porque estaba casada con un billonario que alegaba que el comportamiento disoluto de ella, entregado a vicios y placeres, estaba teniendo un terrible efecto tanto en los hijos de ella como en los de él, hijos de sus matrimonios anteriores. Durante los procedimientos legales de divorcio, Lawson admitió que no solo había dejado droga en distintos lugares de la casa para que sus adolescentes la consumieran, sino que también reconoció que las había consumido con sus hijos y con sus amigos. Lawson dice que ama a sus hijos, pero en Gálatas 6.7 se nos recuerda que a la larga vamos a cosechar lo que hemos sembrado.

Nuestra familia ha vivido en medio de la afluencia extrema de la ciudad de Nueva York, Silicon Valley, Washington y la Bermuda. La drogadicción es desenfrenada tanto en las ricas ciudades de California como lo es en el área entre Vermont y New Hampshire. Es más, el nivel más alto de drogadicción a nivel nacional se encuentra entre los jóvenes de estos estados.

Algo que las universidades no publican es que, muchos de los estudiantes se automedican para poder pasar los exámenes. Se puede hallar Adderall y Resveratrol por todas partes en algunos recintos universitarios. Los estudiantes los usan sin reserva para poder pasar toda la noche despiertos. Hay un incremento en la cantidad de chicos que tienen tanto temor a fracasar que harían lo que sea para poder sobrellevar la presión.

Nuestro involucramiento activo como padres reduce la posibilidad de que tu adolescente participe en comportamientos de alto riesgo, incluyendo las drogas y las borracheras. Es más, la opinión paterna tiene una gran influencia en la que tienen nuestros hijos acerca de la droga y el alcohol. El sentido común nos dice que tenemos que hablar con nuestros hijos y guiarlos por el camino correcto. Es menos probable que los chicos, que saben que sus padres desaprueban el consumo de las drogas y el alcohol, se droguen y beban alcohol. Sin embargo, como lo vemos ilustrado en el caso de Nigella Lawson, no son muchos los padres que muestran su desaprobación.

A nivel de nación, nos movemos en dirección a la legalización de sustancias que afectan de manera negativa a nuestros hijos, tanto en lo físico como en el área mental. Hay una relación directa entre el uso de la marihuana y la pérdida de puntos del coeficiente intelectual. Las investigaciones enfatizan el hecho de que las drogas blandas son la puerta de entrada para las duras. La ciencia nos dice que las drogas duras matan a miles de seres humanos cada año. Afortunadamente, las investigaciones también nos dicen que: el involucramiento paternal activo reduce en gran manera las posibilidades de que un chico consuma drogas.[3]

En primer lugar tenemos que preguntarnos a nosotras mismas acerca de nuestro propio uso de drogas y alcohol. El Prozac y otras medicinas similares controlan la ansiedad y el pánico, pero la medicina no trata con las raíces que los causan. Como alivia la depresión puede que ayude a reducir el deseo de buscar ayuda real y recibir sanidad interna a una mamá que dependa de esa droga. Eso es lo que le pasó a mi mamá, se sentía mejor cuando usaba drogas, pero mermaban el deseo de recibir consejería. La etimología de la palabra *narcóticos* es muy reveladora, proviene de una palabra griega que significa «adormecer». No nos ayuda en nada adormecernos cuando tenemos que enfrentar la realidad. Más que seguro, tampoco va a darnos el poder que necesitamos para vencer nuestros problemas. Es más, adormecerá nuestra habilidad para buscar el poder que nos puede ayudar: el poder del Espíritu Santo. Tenemos que ser bien sinceras con nosotras mismas en cuanto a nuestro propio comportamiento antes de fijarnos en el de nuestros hijos.

Dios no quiere que las mamás estén deprimidas ni que anhelen adormecer esa depresión. Es triste decirlo, pero conozco muchas madres, mamás cristianas, que se encuentran en esa situación. Toman toda clase de calmantes, con la esperanza de que pase otro día depresivo. Yo tenía una amiga, miembro de una familia cristiana, que se encuentra en un hospital psiquiátrico porque no solo ella, sino también su esposo trataron de esconderse de sus profundos problemas. El hecho de que seamos cristianos no quiere decir que tenemos que sentir vergüenza si necesitamos pedir ayuda a nuestros amigos o a los médicos. Es más, la vida de fe es una vida de verdad. En nuestros días bajos, y todas las mamás tienen días como esos, debemos tener otras alternativas que no sean beber un vaso más de vino. La mejor opción es vivir en el amor de Dios. La vida no es una cuerda floja en la que un movimiento en falso nos va a matar. Estamos rodeadas por la bondad de Dios, él no está desilusionado de nosotras, por lo que no debemos morar en lamentos y derrotas, no importa cuáles sean nuestras circunstancias.

Creo en eso hoy más que nunca, aunque estoy luchando con problemas de salud más que antes.

En lo que respecta a nuestros hijos, el consumo desmedido de drogas por nuestra parte, va a estorbar el ejemplo que les demos a ellos. Busca ayuda y deja que tus hijos vean que estás recibiéndola. No podemos engañarlos. A pesar de todo ellos nos aman y nos miran inquisitivamente. Debemos ser honestas, pedir disculpas cuando fallemos y luego buscar ayuda. Todas fallamos, pero lo que hagamos con nuestras fallas le dará la gloria a Dios, y les dará a nuestros hijos la habilidad para aceptar el fracaso y hacer algo bueno de ello.

Casi todas las comunidades estadounidenses están afectadas por el consumo de drogas y otros comportamientos autodestructores. Si la opinión en general de los adultos de una comunidad es que los adolescentes deben ser responsables y rendir cuentas, por lo general se hace algo al respecto, y eso es de gran aliento para los padres. Sin embargo, si la comunidad se ha rendido ante la derrota, lo que sucede por lo general es que hay una cultura de silencio ante un asunto difícil. Pero como alguien dijo: «Lo único que se necesita para que el mal triunfe, es que los hombres buenos se queden de manos cruzadas». El silencio y una aceptación resignada a algo que sabemos que está mal no son nunca las respuestas apropiadas por parte de un padre responsable. Estos, casi siempre causarán fracasos más grandes.

Mi hijo Daniel fue testigo de transacciones de drogas en el baño y los pasadizos de su escuela secundaria en New Hampshire. Todos los días había un carro de la policía que se estacionaba en la escuela. La envergadura del problema estaba llegando a los periódicos y se arrestaban estudiantes por causa de las drogas. Mi esposo y yo tratamos de hacer que varios de los oficiales de la escuela tomaran cartas en el asunto. La ciudad que estaba junto a Hanover votó para que la policía permaneciera dentro de la escuela y que vigilase los pasadizos para poner fin al tráfico de drogas. Un día Daniel nos acompañó para hablar con el asesor académico sobre el proceso de la solicitud de ingreso a la universidad. Al final de nuestra conversación, hicimos mención del problema con las drogas, informándole que habíamos hablado con el liderazgo de la escuela, incluido el director, pero que nadie hacía nada al respecto. El asesor académico negó saber algo sobre el asunto. Mi hijo Daniel no lo podía creer.

Hoy no podemos suponer que los adultos responsables, que son parte de la vida de nuestros hijos, estén tomando las decisiones correctas, porque para hacerlo hay que tener valentía y actuar. La forma en que respondemos al silencio colectivo no puede ser un reflejo del estatus quo. Tenemos que ser defensores agresivos a favor de nuestros hijos y de escuelas sin drogas, sin importar que pueda ser una lucha cuesta arriba. Más importante aun, debemos asegurarnos de que estamos siendo buenos ejemplos para nuestros hijos. Tenemos que hacerles saber con claridad que aunque es aceptable en nuestra familia que un adulto disfrute de un vaso de vino, nos oponemos totalmente al abuso de las bebidas alcohólicas, bajo ninguna circunstancia, porque está bien claro en el libro de Proverbios que emborracharse destruye la sabiduría:

> El vino lleva a la insolencia, y la bebida embriagante al escándalo;
> ¡nadie bajo sus efectos se comporta sabiamente! (20.1)

Hoy los chicos tienen acceso a drogas sin tener que comprarlas. Todo lo que tienen que hacer es rebuscar el gabinete de medicina de sus padres y ahí encuentran todas las que quieran. En un día soleado muy hermoso, en Palo Alto, me metí en una discusión seria con otra mamá que se llamaba Karen, acerca de la proliferación de las drogas en nuestra ciudad y el terrible efecto que tenía en nuestras escuelas.

Karen tenía la necesidad de desahogarse. Uno de sus hijos estaba constantemente en problemas con la policía y la escuela, y se encontraba en rehabilitación en esos momentos. La última vez que la policía lo atrapó, Karen y su esposo le dijeron al oficial que arrestaran al muchacho. Él tenía consigo un montón de medicinas recetadas que le había dado un compañero de clase. Karen y su esposo tenían la esperanza de que el impacto de tener que enfrentar consecuencias legales hiciera que su hijo de dieciséis años despertara ante la realidad de que estaba en peligro de arruinar su vida.

La policía no quiso arrestar al muchacho porque muchos padres acaudalados en Palo Alto han tornado las acciones legales en un arte. La policía quiere que los padres sean los responsables, que es como deberían ser las cosas. Las medicinas provenían del gabinete de los padres de otro muchacho, así que Karen llamó a la familia del otro muchacho para quejarse porque las medicinas estaban al alcance de su mano. La otra mamá solo suplicaba: «No digas que nuestros hijos son drogadictos porque si no, se van a convertir en eso». Karen y su esposo tuvieron que poner a su hijo en rehabilitación. Al final dijo: «Supongo que nuestros hijos tienen que aprender a florecer donde han sido plantados».

Amigas, es muy claro que muchos en la generación de nuestros hijos no están floreciendo donde han sido plantados; por esa razón, mudarse es una herramienta efectiva para los padres. Otra niña del quinto grado le ofreció drogas a mi hija; así que la pusimos en una escuela privada porque la directora de la primera escuela a la que asistió se estaba haciendo la ciega ante lo que estaba pasando bajo sus narices. Hay algunas batallas por las cuales vale la pena pelear. Después de todo la meta de una mamá tiene que ser proteger a sus hijos de cualquier situación que no sea segura. Hay que tomar acciones drásticas. A veces el único camino que podemos tomar.

EL *ROCK AND ROLL*

El *rock and roll* representa a una cultura que abarca no solo la música, sino también un estilo de vida que va en busca de la fama. Los chicos escuchan las cosas más indignantes por medio de algunos tipos de música secular. Es claro ver que nuestros hijos se ven afectados de manera negativa por el lenguaje sexualizado y descarado, y por la completa falta de respeto de las autoridades que se infiltra en gran parte de lo que llamo la cultura del *rock and roll*. Si hacemos que nuestros hogares sean un refugio en el cual no se permite la música, el lenguaje, el comportamiento, ni las películas inapropiadas, eso ayuda a que desarrollemos los estándares que nuestros hijos necesitan.

En nuestra sociedad hay muchas opiniones en cuanto a lo que es aceptable y lo que no lo es. A mi hijo de seis años lo invitaron a mirar la película *Titanic* cuando estaba jugando en casa de un amigo. Las escenas de sexo a la edad de seis años es algo totalmente inapropiado; y, en realidad, la Biblia dice claramente: «No pondré cosa de Belial delante de mis ojos» (Salmos 101.3, JBS). ¿Cuánto más debemos proteger a nuestros hijos que están en una edad tierna? Es deber de las mamás usar el discernimiento a diario; así que, no tengas temor de tomar decisiones difíciles. No dejes que esa forma de pensar te distraiga.

Las mamás, tenemos que saber qué es lo que nuestros hijos miran, qué es lo que escuchan, y qué tipo de medios sociales están usando. Con la participación de tus hijos revisa de antemano las películas, libros y sitios web, y establece reglas generales de lo que consideras que es apropiado. Habla con tus hijos acerca de la música, los libros y las películas, y preséntales continuamente la belleza y la fe a través de la buena música, el arte y la cultura. No dejes que la música, la electrónica y los medios sociales sean las niñeras de tus hijos. Yo he caído en esa tentación también, especialmente ahora que mi salud está delicada. Pero tenemos que asegurarnos de que nuestros hijos no estén llenando su tiempo con imágenes y sonidos que los puedan hacer caer. Las manos ociosas son el taller del enemigo, en otras palabras un muchacho que no tenga qué hacer hará el mal. Es esencial que creemos un ambiente con y para nuestros hijos que conduzca a una manera recta de vivir.

Tenemos que lidiar con la cultura del entretenimiento en las vidas diarias de nuestros hijos. No podemos permitirles que conviertan al entretenimiento en la web en un ídolo. En nuestro hogar, la batalla con los varones es para apagar los juegos electrónicos, especialmente los de video y computadora. A nuestra hija la atrapan los medios sociales. No podemos permitir que esas distracciones gobiernen su mundo y el nuestro, debemos tener cuidado a diario de hacer que esta generación vuelva al mundo de los vivientes. Ejerce mucho control en este aspecto en tu propia vida. Ya que la mayoría de nosotros no tenemos una finca que haga que nuestros hijos se remanguen las mangas y hagan labores pesadas al llegar a casa después del colegio, nuestros hijos se pueden distraer mucho con el entretenimiento. Los deportes y las actividades extracurriculares después del colegio son importantísimos, al igual que una rutina diaria de labores en la casa.

En nuestra familia, tener un hijo menor por diez años ha tenido un buen efecto en nuestros hijos mayores en cuanto a las labores de la casa. Eso dio lugar a roles de mucha ayuda para nuestros hijos mayores, y yo pude apreciar con prontitud el valor de tener muchas manos que hicieran que mi carga fuera más ligera, también pude apreciar que los mayores pasaran tiempo con nuestro hijo menor. Ellos jugaron un rol muy importante en la crianza de Nicky, lo cual ha sido una gran bendición.

A los chicos les gusta sentir que son útiles. Debemos orar para encontrar buenas tareas para ellos. El Señor no se ofende cuando hacemos que sea parte de nuestra vida diaria; es más, le encanta que oremos por detalles. Uno de mis pasajes favoritos es el de Salmos 139.17:

> ¡Cuán preciosos, oh Dios, me son tus pensamientos! ¡Cuán inmensa es la suma de ellos!

¡Dios piensa en nosotras todo el tiempo! Cuando me topé con este versículo, muchos años atrás, quedé deslumbrada. Pienso en Dios todo el tiempo, pero eso no se compara en lo más mínimo con cuánto él piensa en todos sus hijos. Él quiere estar bien conectado a nuestras actividades diarias, las cuales servirán como amortiguadores contra las tentaciones de este mundo.

LA FAMA

En la actualidad hay un deseo desmesurado por ser famoso. Muchas personas están buscando sus «quince minutos de fama». La cultura del *rock and roll* da aliento a la falsa esperanza de ser famoso. Aun mis hijos se han visto afectados por ese deseo. Un lindo día estaba manejando con los chicos cuando de repente mi hija, que tenía en ese entonces doce años de edad, dijo en voz alta: «Cuando yo sea grande quiero ser famosa, pero no estoy segura qué me haría famosa». Sus palabras se quedaron grabadas en mi memoria. Hoy, la celebridad y el deseo de ser célebres se está infiltrando en todos los medios de comunicación. Yo creo que son muchos los factores que alimentan tal deseo, pero dentro de cada persona existe el anhelo de ser conocido, respetado y amado. Nuestros hijos deben saber que en casa ellos son conocidos, respetados y amados.

Los chicos no quieren ser invisibles ante los que están más cerca de ellos. Ser parte de una familia amorosa y estar conectados a la iglesia y a la comunidad provee un sentimiento de valor personal que no podemos subestimar. Sentirnos invisibles y que nadie nos quiere es una de las razones por las cuales los medios sociales están predominando en la vida de nuestros hijos. Puede ser que la revista *People* nunca escriba una reseña de la vida de un adolescente en particular, pero el adolescente puede ponerlo todo en la web con la finalidad de hacerse famoso o famosa. Ser famoso en internet no es una buena meta para ningún chico. Por favor, presta mucha atención a la relación entre internet y tu hijo, y si tienes que confiscar los celulares y cerrar las computadoras, que así sea. Además, hay muchos programas para padres para que puedas monitorear los correos electrónicos de tus hijos y el uso de la computadora, si es que sientes que hay un problema en cuanto al creciente uso o uso excesivo por parte de tu hijo de los medios sociales.

EL OCULTISMO

En lo que respecta al ocultismo, permíteme citar la famosa orden del general ruso en la Batalla de Stalingrado: «¡Ni un paso atrás!».[4] La tolerancia con lo demoníaco tiene que ser cero. Las chicas especialmente están siendo atraídas por lo sobrenatural por medio de la gran cantidad de literatura juvenil en el tema del ocultismo. Hace poco, sin querer, llegué a la sección de libros para adolescentes en la biblioteca de la ciudad donde vivimos, y la cantidad de libros con temas sobrenaturales era asombrosa, casi no había de otros temas. Esa sección para adolescentes estaba dominada por historias de brujos y hechiceros. Debido al éxito de las series de Harry Potter, las empresas editoriales se esfuerzan por vender este material a nuestros hijos porque saben que es un gran negocio. Los bibliotecarios, los maestros y los padres que están desesperados por hacer que los chicos lean algo, siguen la corriente. Mi propia experiencia como profesora de mis hijos en casa, es prueba de que los chicos responden positivamente a la buena escritura en tanto que haya un tema que sea de su gusto. La buena escritura despierta la mente de los chicos, no los intimida. No es necesario que escojamos temas de terror para animar a nuestros hijos a que lean.

Por otro lado, esa fascinación con el ocultismo proviene de un lugar muy oscuro. Es necesario que te eduques en este tema y que hables de ello con tus hijos. El ocultismo florece en la ignorancia de los padres; por ello, no debes subestimar sus poderes, simplemente porque no lo entiendes. El vocero principal del ocultismo, Aleister Crowley, era un inglés del siglo veinte que escribió el libro principal del satanismo. Se cree que

Crowley dijo que el mandamiento más grande de los satanistas es: «Haz tu voluntad será toda la ley». Los satanistas glorifican al yo y convierten el hacer lo que a uno le parece que está bien el objetivo final. ¿Te parece familiar? Nuestra cultura refleja cada día más ese deseo de alimentar el ego sin tener en cuenta a nada ni a nadie más. Solo tenemos que mirar al famoso pasaje de Isaías 14 que habla de Lucifer para darnos cuenta de que el «ego» es el centro de la rebelión contra Dios:

Decías en tu corazón: «¡[Yo] Subiré hasta los cielos. [Yo] Levantaré mi trono por encima de las estrellas de Dios!». (v. 13)

Controla lo que tus hijos están leyendo y mirando. Mi hijo menor dice que el ochenta por ciento de los libros que sus compañeros leen se enfocan en la fantasía, los demonios y lo sobrenatural. Cuando tus hijos crezcan no dejes de controlar lo que leen y miran. A medida que ellos crezcan y lleguen a la edad de la adolescencia, van a necesitar ayuda para cultivar un gusto por la literatura que sea diferente a lo que la cultura promueve. Las mamás tenemos que saber si nuestros hijos están leyendo libros que tratan de lo sobrenatural: si están usando la ouija; si están asistiendo a sesiones espiritistas; si están haciendo mal de ojo a otros; aun si parece que solo lo están haciendo como para divertirse. Es de suma importancia poner un alto inmediatamente a cualquiera de esas actividades, aunque lo mejor sería que no se iniciaran. El ocultismo es un área oscura donde existe un poder real y negativo.

Tenemos unos amigos muy queridos cuya hija estuvo ligeramente involucrada con el ocultismo. Su papá es pastor y la mamá es una cristiana muy linda. Hoy la hija se encuentra en una institución mental. Aunque hubo otros factores en juego en esta triste historia, incluido el uso de drogas, no cabe la menor duda de que el hecho de involucrarse con el ocultismo trajo como resultado la inestabilidad y luego el colapso mental. Ningún cristiano debe sorprenderse por ese hecho. Jesús habló bien claro acerca del diablo. La primera carta de Pedro 5.8 nos dice que «anda como león rugiente, buscando a quién devorar». Por eso, no es de sorprenderse que el diablo quiera devorar a nuestros hijos.

No podemos tomar por sentado la seguridad espiritual de nuestra familia. Tenemos que ser un cerco de protección espiritual alrededor de nuestros hijos, porque una vez que esas influencias entran en sus vidas, es muy difícil sacarlas. Ve a tu pastor o sacerdote para que te ayude y te guíe espiritualmente. Lo bueno en todo esto es que no vivimos en un mundo como el de la «Guerra de las galaxias», en el que las fuerzas del bien batallan contra fuerzas del mal que tienen el mismo poder; nosotros vivimos en un mundo donde el bien ha triunfado a través de Jesucristo. Recuerda Salmos 62.11:

> Una vez ha hablado Dios; dos veces he oído esto: Que de Dios es el poder. (LBLA)

LA CRIANZA DE LOS ADOLESCENTES

Ahora que varios de nuestros hijos tienen veinte años y más, veo que fue más importante que yo estuviese en casa con ellos cuando eran adolescentes que cuando eran más pequeños. Mi padre solía decir: «Niños pequeños, problemas pequeños; hijos grandes, problemas grandes», pero si hemos establecido el fundamento de amor, fe, virtud y oración en nuestros hogares desde una temprana edad, cosecharemos en los años de su adolescencia. Mi relación con mis hijos se ha profundizado y enriquecido con el tiempo, lo cual no doy por supuesto. Claro que hemos vivido las consecuencias de las decisiones no tan buenas de nuestros adolescentes. Pero seguimos dedicados a ver que nuestros hijos maduren y crezcan con el tiempo a medida que ellos mismos aprenden de sus errores. En mi rol de mamá, he descubierto que hay un gran poder en lo que llamo las tres palabras clave (comunicación, comunidad y sabiduría colectiva), que refuerzan mi habilidad para ayudar a nuestros hijos cuando pasan por momentos turbulentos.

Hay tal abundancia material en este mundo, que vivimos en una cultura que cada vez más hace promesas vacías de felicidad si vivimos pensando en nosotros mismos sin preocuparnos de lo que es bueno y lo malo. Si les proveemos a nuestros hijos, especialmente a nuestros adolescentes, una fortaleza interior, que sea resultado de poder distinguir lo que es bueno y lo que es malo, podremos contrarrestar esa moralidad predominante de hacer cualquier cosa que parezca que esté bien. Los Diez Mandamientos es el juego ético que Dios nos ha dado para vivir. Por miles de años esos Diez Mandamientos han sido el fundamento moral de la civilización occidental, y han ayudado a poder distinguir entre el bien y el mal, lo verdadero de lo falso, lo correcto de lo incorrecto. Corremos un gran riesgo si nos apartamos de esa senda, o si no se la enseñamos a nuestros hijos, que aprenden lo que es la sabiduría cuando les enseñamos lo que es bueno y lo que no lo es. Ya que somos padres cristianos respetamos y adoramos a Dios, sabemos que «El principio de la sabiduría es el temor del Señor» (Salmos 111.10). Si tememos y respetamos sus mandamientos, tenemos un fundamento sobre el cual podemos tomar decisiones sabias.

Medita en lo siguiente

La Palabra de Dios

Estén siempre alegres, oren sin cesar, den gracias a Dios en toda situación. (I Tesalonicenses 5.16–18)

Una vez ha hablado Dios; dos veces he oído esto: Que de Dios es el poder. (Salmos 62.11, LBLA)

¡Cuán preciosos, oh Dios, me son tus pensamientos! ¡Cuán inmensa es la suma de ellos! (Salmos 139.17)

Palabras de los autores

«No importa lo que el mundo diga de nuestra fe, nuestros hijos tienen que tener plena confianza en que el cristianismo es digno de sus vidas».

Evalúa

1. ¿Estás criando hijos que saben cuál es su historia, especialmente todo el bien que los cristianos han hecho en el mundo?

2. ¿En qué áreas tienes temor de razonar y retar a tus hijos: la naturaleza menospreciante del sexo casual, la necesidad de no consumir drogas, la trampa de la electrónica, el atractivo del ocultismo?

3. ¿En qué áreas necesitas de un toque divino para que puedas ser un modelo de un matrimonio piadoso lleno de intimidad y respeto, una vida llena del Espíritu Santo, y un estilo de vida sencillo que se enfoque en Dios y en los demás?

4. ¿Puedes hablar con tu esposo de todo y con libertad cuando tienes preocupaciones respecto a tus hijos? ¿Por qué? Si la respuesta es no, ¿cómo puedes cambiar este hábito negativo?

5. ¿Cuál es el área en que tu familia necesita más de la ayuda de Dios? ¿Tu esposo y tú buscan constantemente la ayuda de Dios en esa área? ¿Por qué?

Resumen

No hemos sido llamadas a ser amigas de nuestros hijos, ello tendrán cantidad de amigos. Fuimos llamadas a ser sus padres, los que aplican el discernimiento a la crianza de sus hijos. Si hacemos nuestra labor con sabiduría, desarrollaremos un lazo con nuestros hijos que nunca podrá ser roto, pase lo que pase.

Ocho

Dar ánimo: es una disciplina

E l dar ánimo y la disciplina están entretejidas inextricablemente, no pueden existir el uno sin lo otro en la crianza de nuestros hijos. No podemos disciplinarlos sin darles ánimo porque si no, le tendrán temor a nuestras opiniones y decisiones, y es más que seguro que se volverán criticones. El elogio continuo, en detrimento de la verdad y las consecuencias, dará como resultado que los chicos permanezcan sin tener sabiduría. En mi experiencia personal, para disciplinar a mis hijos, yo misma he tenido que ser muy disciplinada. Eso quiere decir que si no me esfuerzo e invierto la energía y la emoción que se necesita para animarlos y disciplinarlos, eso no va a suceder por arte de magia. Las dos historias verdaderas que relato a continuación, son una ilustración de lo que quiero decir.

LA HISTORIA DE ELÍ Y SUS HIJOS

Elí fue un ministro famoso en el templo de Israel durante el período del Antiguo Testamento (1 Samuel 2.12–36). Él servía al Señor y a su pueblo en diferentes ocasiones. Era un buen hombre. Lamentablemente, no animó a sus hijos de manera correcta para que hicieran lo bueno ni los disciplinó cuando hacían el mal. Quizás estaba «muy ocupado» y no tomaba tiempo para disciplinarlos.

Dios le advirtió a Elí muchas veces su falta en cuanto a una crianza apropiada. Dios está muy interesado en que seamos padres que animen y disciplinen a sus hijos. Elí, sin embargo, hizo caso omiso y, en mi experiencia como mamá, he descubierto que por lo general hacer nada no funciona. Cuando los hijos de Elí fueron adultos, se aprovecharon de su posición como hijos del poderoso sumo sacerdote de Israel. Ellos robaban en el templo, extorsionaban al pueblo y vivían de modo inmoral. Sin embargo, Elí prestaba atención a otras cosas, y dejaba pasar por alto su comportamiento. Sus hijos iban de mal en peor, y todo Israel lo sabía, pero la verdad sale a la luz, aun cuando tratemos de ignorarla. El final de la historia es que el Señor hizo que los hijos de Elí muriesen el mismo día que él. Su linaje fue completamente borrado de la faz de la tierra. Este episodio tan dramático da testimonio del deseo de Dios de que criemos hijos virtuosos. Si Elí hubiese hecho lo que debía —animar apropiadamente y corregir a sus hijos con efectividad—, el final de esos chicos hubiera sido muy diferente, sin lugar a duda.

En mi propia vida he recibido mucho ánimo por parte de mi amiga Linda, que es un símbolo de lo que una buena crianza puede lograr aun en medio de situaciones difíciles. Ella ama mucho a su familia. Linda se casó con Tom, que fue su enamorado en la universidad. Estuvieron casados por más de veinte años y a inicios de su vida matrimonial decidieron criar bien a sus hijos y en la fe. Los últimos años de su matrimonio fueron un poco inestables, pero nada hubiera podido prepararla para el anuncio repentino que hizo su esposo: que era infeliz y que quería el divorcio. Tom la abandonó por una mujer más joven que ella con quien estaba sosteniendo una aventura amorosa en esos momentos.

Linda continuó criando a sus hijos adolescentes enseñándoles a respetar a su esposo, aunque durante el procedimiento judicial del divorcio él le hizo cosas terribles; cuando la gente se siente culpable hace cosas horrendas para arrastrar consigo al inocente, durante los procedimientos judiciales él hizo que alguien le pusiera excremento en su carro. Ese incidente tan feo simbolizaba el veneno que fue lanzado a Linda desde el inicio de la separación. Linda se esforzó para que sus dos hijos no se vieran metidos en medio de esa situación, pero su hija estuvo totalmente desconcertada y comenzó a vivir descontrolada. Linda no dejó de orar y se propuso ser ejemplo, por lo que tomó el camino más alto, que es el del perdón. Aunque le tomó muchos años, su ministerio a sus hijos dio como resultado fruto muy bueno. Los años de disciplinar a su hija cuando era pequeña, junto con el buen ejemplo, sirvieron como fundamento para la reconciliación. Al final de cuentas cosecharemos lo que sembramos, si no nos damos por vencidas.

La disciplina, junto con el ánimo, es un componente vital en nuestro ministerio a nuestros hijos. Disciplinar quiere decir criar a nuestros hijos con un sentido de honra y virtud, que les permitirá crecer en carácter, madurez y confianza con el correr de los años. Gregory y yo tratamos de darles a nuestros hijos diez porciones de ánimo y amor por cada porción de disciplina. Ambos elementos son igual de esenciales para no criar hijos que se sientan criticados por sus padres y que tengan una sensación de carencia en sus vidas. El hecho de que mi esposo y yo les damos a nuestros hijos expresiones cálidas de amor y ánimo nos permite disciplinarlos con firmeza cuando es necesario. Nuestros hijos saben que por sobre todas las cosas, son amados y aceptados, sin importar cuál sea su comportamiento. Sin embargo, hay veces cuando se comportan en formas que no son aceptadas en nuestra familia, y por medio de nuestros lazos de amor hemos tenido que establecer nuestra autoridad en amor sobre ellos.

Si disciplinamos a nuestros hijos podremos evitar la obsesión actual de las personas adultas que deberían tener buen juicio pero que aún se comportan como adolescentes. Es triste decirlo, pero nuestra sociedad permite que la juventud de hoy alargue la adolescencia hasta la edad de treinta años y más. Tenemos adultos que siguen buscando su identidad, como si aún fuesen adolescentes, y son sus familias las que pagan el precio. Hace poco vi un comercial que anunciaba un servicio para encontrar pareja a personas mayores de cincuenta años, y una mujer dijo con una voz muy animada: «Me siento como si estuviese en la escuela secundaria de nuevo», como si fuese algo bueno.

La palabra *virtud* tiene la misma raíz en latín que el vocablo *valentía*. Virtud es valentía en medio de la tentación. La virtud recibe información por medio de la sabiduría que se aprende de los padres, mentores, amigos valiosos, y a través del estudio de las Escrituras. La virtud no es algo que aparece de la nada. Sé que he mencionado que necesitamos tener energía para disciplinar a nuestros hijos, pero permíteme referirlo de nuevo. Este es mi punto débil, es muy fácil rendirse y ceder, pero está bien claro que necesitamos energía y congruencia cuando disciplinamos a nuestros hijos, no hay nada que las pueda sustituir. Nunca se debe disciplinar con ira sino más bien con el conocimiento de que nuestros hijos deben aprender que sus acciones tienen consecuencias, tal como lo enseña la Biblia, todos nosotros, sin excepción, vamos a cosechar exactamente lo que hemos sembrado (Gálatas 6.7).

El Señor nos ha dado autoridad paterna como parte de nuestro ministerio con nuestros hijos. Es menester que aceptemos ese ministerio, de lo contrario nuestros hijos se criarán a sí mismos conforme a los estándares de este mundo. La disciplina sirve para la edificación y crecimiento de nuestros hijos. Debemos criarlos para que nos respeten a nosotros y a nuestra autoridad. Esto debe ser reflejo del respeto que le debemos dar a nuestro Padre eterno y a su autoridad sobre nuestras vidas.

No es un error que la palabra *temor* sea usada en relación a Dios por lo menos trescientas veces en la Biblia, ya que nuestro Padre celestial inspira una profunda admiración. Este temor está basado en respeto y reverencia. Para el creyente, este temor trae muchos beneficios. La sabiduría, que una mamá tanto necesita, fluye de una actitud correcta delante de Dios: «El comienzo de la sabiduría es el temor del Señor» (Proverbios 9.10). Nuestra reverencia a Dios instruye nuestra forma de criar a nuestros hijos.

CÓMO EJERCER NUESTRA AUTORIDAD PATERNA

En la actualidad, es sumamente desafortunado el hecho de que muchos padres de familia han abdicado a su autoridad paterna dada por Dios. Muchos chicos se están criando a sí mismos y los resultados, por lo general, son desastrosos. Una forma muy importante, por medio de la cual nuestros hijos aprenden que sus acciones tienen consecuencias por las cuales van a tener que dar cuenta. Animarlos les ayuda a aceptar las responsabilidades que les hará llegar a ser adultos maduros y dignos de confianza.

Ser padres viene con la responsabilidad de criar hijos con instrucción y dirección, eso es disciplina: instrucción y dirección. Si vamos a disciplinar a nuestros hijos con sabiduría, nosotros también necesitamos de su disciplina, su instrucción y su dirección. El Espíritu Santo es nuestro guía y tutor. Él dirigirá nuestro camino, nos mostrará cómo debemos actuar con nuestros hijos, y nos dará la energía que necesitamos, solo tenemos que pedírselo con humildad, y hacer lo que él nos ha mostrado que debemos hacer. Tal como lo hace un buen maestro, el Espíritu Santo no pasará a la siguiente lección hasta que hayamos aprendido bien la que nos está tratando de enseñar.

Proverbios 13.13 nos dice:

Quien se burla de la instrucción tendrá su merecido; quien respeta el mandamiento tendrá su recompensa.

Las mamás debemos saber que el ánimo paterno y la disciplina darán como resultado paz en la vida de nuestros hijos. Pero también tenemos que asegurarnos que no se impongan consecuencias a modo de venganza, sino todo lo contrario. Nuestros hijos deben comprender que parte de la responsabilidad de la vida es actuar con respeto de acuerdo a las leyes de Dios. Aunque nuestros hijos sean lindos y tiernos, recordemos lo que dice Proverbios 22.15: «La necedad es parte del corazón juvenil». Solamente el amor constante, el ánimo y la disciplina harán que nuestros hijos lleguen a ser adultos respetuosos y responsables, que gocen de la abundancia y no de quebranto en sus vidas.

LA SABIDURÍA ES LA CLAVE CUANDO DISCIPLINAMOS Y DAMOS ÁNIMO

La sabiduría es de suma importancia para disciplinar y animar a nuestros hijos con efectividad. La Biblia nos da el ejemplo de una gran mamá:

Cuando habla, lo hace con sabiduría; cuando instruye, lo hace con amor. (Proverbios 31.26)

El término *sabiduría* viene de la palabra griega *sophos*, que quiere decir «ser capaz de discernir lo que es verdadero y correcto». La sabiduría nos da discernimiento, que es la habilidad de comprender la realidad en diferentes situaciones y como resultado tomar buenas decisiones. La vida sabia produce una buena vida, el discernimiento nos ayuda a tomar buenas decisiones, y con el tiempo también ayudará a nuestros hijos a hacer lo mismo.

Dios disciplina a aquellos a quien ama. Se hace referencia a esta verdad tanto en el Nuevo como en el Antiguo Testamento. Hebreos 12.6 dice:

El Señor disciplina a los que ama, y azota a todo el que recibe como hijo.

Es para nuestro bien que experimentemos su reproche, pero tristemente me he percatado de que soy más obstinada ahora que soy adulta que cuando era niña. Por lo tanto la disciplina toma más tiempo y duele más. No obstante me doy cuenta de que es para beneficio mío, de modo que pueda cosechar la sanidad que viene como resultado del arrepentimiento y la paz que fluye de llevar una vida correcta.

Si decidimos que no vamos a disciplinar a nuestros hijos, cometemos una gran injusticia contra ellos. Puede que estés enferma, cansada o que sientas que estás muy ocupada, la verdad es que no puedes dejar que tus hijos se críen solos. Este es un punto importantísimo en la crianza. Cuando tus hijos sean mayores tendrán que enfrentarse a las consecuencias de sus actos. Tenemos la oportunidad de enseñarles que es una gran bendición tomar decisiones basadas en la sabiduría o el resultado de las malas decisiones cuando están pequeños. Hacerlo cuando están tiernos y son moldeables es más efectivo y humano que dejarlos que aprendan esas verdades por su propia cuenta cuando crezcan.

Gregory y yo hemos recibido llamadas no muy agradables para informarnos del mal comportamiento por parte de nuestros hijos. La mayoría de los padres pasan por experiencias como esa. Mi esposo y yo oramos para que nuestros hijos tengan situaciones en las que se vean enfrentados con la realidad, y hemos permitido que se den las consecuencias aun cuando hemos estado en la posición de evitarlas. A corto plazo, eso ha sido muy doloroso, pero con el transcurso del tiempo ha sido para el beneficio de nuestros hijos.

A la larga, nuestros hijos salen perdiendo cuando nos ponemos como amortiguadores entre su mal comportamiento y las consecuencias lógicas de esas acciones. Tenemos que dar lugar a la realidad aun cuando llegue en momentos inoportunos o cuando la verdad sea algo difícil de aceptar. Debemos dejar de lado los atajos en nuestras vidas y en las de nuestros hijos. Debemos animarlos y disciplinarlos congruentemente a través de los años, ya que ellos recogerán una cosecha de sabiduría madura de lo que nosotros hemos sembrado.

Una de las razones por la cual no disciplinamos a nuestros hijos es porque estamos muy ocupadas, y esperamos que de alguna manera todo salga bien, aunque en realidad no sé qué quiera decir eso. Sentimos que no tenemos la energía ni el tiempo que necesitamos para tratar con las situaciones difíciles de nuestros hijos. Queremos ayudarlos, y sabemos que esa es nuestra labor, pero no tenemos la menor idea de cómo hacer eso parte de nuestra lista de cosas por hacer. Tanto mi esposo como yo estamos muy ocupados, pero considerando el poco tiempo que tenemos con nuestros hijos, los hemos puesto en primer lugar, eso no quiere decir que sean el centro de nuestro universo o nuestro universo, o que nuestras vidas estén completas solo si ellos son felices y tienen éxito. Lo que quiere decir es que no hay nada que pueda sustituir el tiempo que pasamos animándolos y disciplinándolos año tras año. El hecho de invertir tiempo disciplinando a tus hijos, de acuerdo a sus edades, puede ahorrarte mucho tiempo de aquí a quince años, y no tendrás que pasarlo lidiando con medidas disciplinarias de la universidad, o peor aún, con la policía o el sistema judicial. Esa es una inversión que haces hoy en el futuro de tus hijos y del tuyo.

Las heridas profundas de algunos padres les impiden disciplinar a sus hijos de manera apropiada. No pueden aceptar disciplina para sus propias vidas y mucho menos para sus hijos. Esa es una área en la que solo el Espíritu Santo puede obrar. Si sabes de alguna familia que esté en esa situación, es necesario que ores mucho por ella. Si sientes que esa pueda ser tu situación o la de tu esposo, te pido que hables con tu pastor o sacerdote detenidamente. Busca ayuda profesional para que puedas progresar; tu futuro y el de tu familia dependen de ello. Sabemos que la mano de Dios no se ha acortado para salvar (Isaías 59.1), pero esas situaciones son complejas. Como resultado de mi propia experiencia con un corazón quebrantado, puedo decir que solo la obra del Espíritu Santo, con el transcurrir del tiempo, es la que trae la verdadera sanidad. Pero debemos hacer nuestra parte: arrepentirnos, perdonar, y buscar dirección y sanidad. El camino a la sanidad total es largo, pero el Espíritu Santo es el que guía.

El arrepentimiento

El arrepentimiento es una parte importante del proceso de sanidad, tanto para nosotros como para nuestros hijos. Ellos tienen que comprender lo importante que es el arrepentimiento, ya que este acto no solo es el inicio que puede enmendar relaciones rotas, sino también que ayuda a nuestros hijos a emprender el proceso largo y difícil de darle la espalda al comportamiento que los llevó a tomar malas decisiones. Si logran comprender la profundidad de los beneficios que resultan del arrepentimiento, no serán tan tercos cuando tengan que arrepentirse. Y si las mamás hacen que el arrepentimiento sea parte normal de la reconciliación, los chicos serán más propensos a arrepentirse.

Es nuestra labor como mamás dirigir a nuestros hijos al arrepentimiento y a la reforma. No podemos permitirles que culpen a otros de sus malas decisiones. Esa es una estrategia muy común y muy antigua también. Comenzó en el huerto del Edén cuando Adán le echó la culpa a Eva por haber comido del fruto prohibido. Eva culpa a la serpiente... y así sucesivamente hasta el día de hoy. Si los padres de verdad queremos resolver el pecado, no debemos permitir que nuestros hijos tomen ese camino. Está bien claro que Dios ve a cada persona como responsable de sus propias acciones. El Espíritu Santo es quien da la fortaleza para el arrepentimiento y para emprender el camino de modo que dejen el pecado y los malos hábitos.

ACEPTAR LA RESPONSABILIDAD DE NUESTRAS ACCIONES EN VEZ DE CULPAR A OTROS

Aceptar la responsabilidad de nuestro comportamiento es parte del proceso de sanidad. Dios es perdonador y misericordioso. Él conoce nuestra situación mejor que nosotros. Cuando reconocemos nuestro pecado, aceptamos la responsabilidad de nuestro propio comportamiento, y no culpamos a otros, el siguiente paso es el arrepentimiento, si no podemos confesar nuestros pecados con humildad, no vamos a avanzar en nuestras vidas. Lo único que lograremos es dificultar el proceso de sanidad que nuestro Padre celestial quiere para todos.

Nuestro deseo debe ser convertirnos en padres a los cuales nuestros hijos busquen cuando necesiten sabiduría. La mujer virtuosa que menciona Proverbios 31.10–31 es una que habla con sabiduría e instrucción fiel, y sus hijos se levantan y la llaman bienaventurada. Estoy convencida de que nuestros hijos quieren que les digamos la verdad, aun cuando sea dolorosa. Además, quieren la seguridad que la honestidad y la verdad proveen, aun cuando la verdad sea difícil.

Nuestra meta no es que nuestros hijos nos tengan miedo, lo que anhelamos es que sean reverentes ante Dios. Reverenciar a Dios y sus caminos es la senda que nos asegura la sabiduría. En definitiva, cada hijo entrará en el reino de Dios por medio de su propia relación con el Señor. Nuestro deber como padres es tener el mismo tipo de reverencia que esperamos que ellos tengan por el Señor, porque decirles: «Haz como te digo, pero no sigas mi ejemplo», es una forma de crianza desastrosa.

DEBEMOS PERMITIR QUE NUESTROS HIJOS ENFRENTEN LAS CONSECUENCIAS

Por lo general los chicos no entienden por qué toman decisiones incorrectas. A veces simplemente no quieren andar en la verdad, pero cuando nos buscan y nos hablan de esas decisiones, no lo hacen para que les demos una validación falsa. En lo profundo de sus corazones quieren que los amemos de tal manera que les digamos la verdad y que no los abandonemos cuando tengan que enfrentarse con las consecuencias de esas decisiones. Lo que quieren oír es que les digamos que son amados, que los perdonamos, y que ellos y su situación pueden ser redimidos.

Proverbios 29.15 dice:

> La vara de la disciplina imparte sabiduría, pero el hijo malcriado avergüenza a su madre.

Creo que se puede disciplinar efectivamente de diferentes formas. Conozco varios padres que son buenos, que usan el castigo físico controlado, es decir, un golpe ligero en las nalgas de los hijos menores cuando no han obedecido a los otros métodos de corrección. Ellos se sienten cómodos usando ese método disciplinario y son muy convincentes cuando explican que es mejor un golpecito que usar el abuso verbal. También conozco otras mamás y papás que son buenísimos a los que ni les cruzaría por la mente la idea de usar el castigo corporal, por lo que he llegado a la conclusión de que la disciplina, al igual que muchas de las cosas que hacemos como mamás, está basada en el conocimiento particular que tenemos de la personalidad de nuestros hijos y nuestras convicciones personales.

Si no estás de acuerdo con usar el golpe en las nalgas para disciplinar, no cambies tu forma de pensar tratando de convencerte de que sería bueno que tú y tu esposo usen el castigo corporal. Pero si crees que un golpe controlado en las nalgas, que es apropiado solo hasta cierta edad, y se usa en caso de que no hayan obedecido a otros tipos de disciplina más suaves, va a ayudar a tu hijo, entonces no te agobies. La Biblia está de acuerdo con este tipo de acción si se hace en amor y teniendo en cuenta lo que es de mayor beneficio para nuestros hijos. La clave es el amor y la constancia.

También debemos tener en cuenta que para que nuestros hijos estén en orden nosotros también debemos estarlo. La Biblia no nos da una larga listas de cosas que debemos hacer y que no debemos hacer como mamás, porque una mujer que vive una vida funcional y saludable con una conexión espiritual firme, sabe cómo dar el cuidado maternal apropiado; por otro lado, una mujer cuya vida está fuera de control no podrá compartimentar su rol de mamá ni podrá proteger a sus hijos de las malas decisiones que tome. Y siendo que mucho de lo que uno aprende es por ejemplo más que por enseñanza, sus hijos seguirán las pisadas de sus malas decisiones.

El poder de las palabras y la crítica

Hay un tipo de disciplina que es muy común pero que no tiene justificación alguna. Es la que se ejerce por medio de la crítica negativa constante. Yo fui criada de esa manera. La forma de disciplinar de mis padres era por medio de la crítica, y puedo decirles con seguridad que no funciona. Parte de la crianza de nuestros hijos es que podamos ciertas cosas con frecuencia, pero lo más necesario es que reciban el ánimo y el apoyo moral que requieren. Recuerda la regla de 10 por 1: diez porciones de amor y afirmación por una de disciplina. No hay cabida para el menosprecio y la falta de respeto en el cuidado maternal. Si tus hijos solo oyen una larga letanía de quejas y críticas, pondrán en tela de juicio tus opiniones, a manera de defenderse y no sentirse mal, y también se verán forzados a poner en duda algo de mayor valor: tu amor por ellos.

Las palabras pueden ser una fruta o un veneno: las mamás sabias comprenden el poder que tienen las palabras. Tal como está escrito en Proverbios 18.21: «En la lengua hay poder de vida y muerte». Las palabras pueden matar y pueden dar vida. En el cuidado maternal no hay lugar para la falta de respeto y el menosprecio ni para el chisme tóxico. Además, abstente de volver a mencionar las faltas del pasado, ya que hacerlo es muestra de un espíritu que no sabe perdonar. Nuestra crítica daña a nuestros hijos, y luego ellos crean barreras que son difíciles de vencer en el futuro. Y si esa es la experiencia de tus hijos cuando son pequeños, cuando sean adultos no querrán pasar tiempo contigo.

Hay un versículo poderoso en la Biblia para las mamás en cuanto a la ira: «Si se enojan, no pequen» (Efesios 4.26). Por lo general las mamás se enojan con justa razón; yo no me enojo fácilmente, pero cuando me siento retada por la falta de respuesta de uno de mis hijos, actúo con fuerza. Aunque a veces me paso de la raya y grito, luego tengo que pedir perdón con humildad. Pero me encanta el versículo que dice: «Pongamos las cosas en claro» (Isaías 1.18), el hecho de que podemos hacerlo, y debemos hacerlo, nos da una razón para dialogar con nuestros hijos. Tenemos que dialogar con ellos porque la maternidad no es un monólogo.

Las conversaciones familiares son diálogos dinámicos en el cual participan diferentes personas: nuestro cónyuge, nuestros hijos y el Señor. A los chicos les gusta hablar, aprende a hablar con ellos cuando los disciplines. Así estarás usando las conversaciones de manera efectiva y, cuando crezcan, hablar con ellos será sumamente importante. Aun los más pequeños deben participar en conversaciones profundas de acuerdo a su edad. Eso les ayuda a tratar con asuntos que son importantes y a desarrollar sus habilidades de razonamiento y comunicación. A veces, algunas de esas conversaciones comienzan cuando nosotros nos disculpamos por algo.

DA VIDA

Si tenemos que pedirles disculpas a nuestros hijos, debemos ser humildes y hacerlo. Mis padres eran de la vieja escuela. Creían que era humillante pedirnos perdón a mi hermano y a mí, pero he descubierto que eso no es verdad. Mi esposo y yo nos damos cuenta cuando nos hemos pasamos de la raya, y sabemos que si no pedimos perdón, a la larga, perderemos el respeto y también el amor de nuestros hijos. Eso sucede especialmente con los hijos mayores. El respeto crece con la confianza y los años de haber sido responsables y dedicados, no en el hecho de que seamos perfectos. El poder disculparnos y arrepentirnos cuando sea necesario, es un buen ejemplo para nuestros hijos. Cuando ellos cometen un error y sinceramente piden perdón, tenemos que perdonarlos rápidamente, y debemos asegurarnos de que hayan arreglado las cosas lo mejor que puedan.

Permite que el Espíritu Santo ponga en tu corazón el poder del perdón, y no te permitas irte a dormir estando molesta con tus hijos. El perdón proveerá la libertad y la habilidad para que nuestra familia pueda dejar de lado la amargura, el resentimiento y la decepción. Será la base de nuestro ánimo y de la forma en que disciplinemos a nuestros hijos. Nuestro deseo como padres debe ser poder animar a nuestros hijos con un corazón lleno de amor, no con uno lleno de amargura e ira.

Nuestros hijos son vulnerables, incluso los adolescentes; aunque no lo demuestren. Un ataque verbal puede causar daños que repercutan por muchos años. No mates el alma de tus hijos con la crítica constante, ya que esta destruye las relaciones. No menosprecies a tus hijos cuando te sientas frustrada. Si tus padres no supieron cómo escoger las palabras con las que te hablaron, y te hicieron sentir insignificante, es muy probable que no tengas la habilidad para hablarles con palabras que les den vida. Sé sincera con tu esposo y tus mentores, y busca ayuda. Aprende a comunicarte de manera constructiva. Las palabras de ánimo, la risa y el amor dan vida. Las palabras de crítica y condenación traen muerte. Dales vida a tus hijos.

Medita en lo siguiente

La Palabra de Dios

Quien se burla de la instrucción tendrá su merecido; quien respeta el mandamiento tendrá su recompensa. (Proverbios 13.13)

Hijo mío, no tomes a la ligera la disciplina del Señor ni te desanimes cuando te reprenda, porque el Señor disciplina a los que ama, y azota a todo el que recibe como hijo. (Hebreos 12.5-6)

Todo lo que se escribió en el pasado se escribió para enseñarnos, a fin de que, alentados por las Escrituras, perseveremos en mantener nuestra esperanza. (Romanos 15.4)

Palabras de los autores

«Recuerda la regla de 10 por 1: diez porciones de amor por una de disciplina. No hay cabida para el menosprecio y la falta de respeto en el cuidado maternal».

Evalúa

1. ¿Por qué no disciplinas a tus hijos?
   - ¿Porque son muy lindos? (*¡Cuando son bien pequeñitos, la desobediencia parece adorable!*)
   - ¿Porque tienes mucho dinero? (*Mi dinero puede sacarlos de problemas*).
   - ¿Porque estás muy ocupada? (*Todo lo que hago es de mayor importancia*).

- ¿Porque estás muy cansada? (*¡Después de todo soy humana!*)
- ¿Porque tienes muchas heridas porque fuiste maltratada en tu pasado? (*No quiero que mis hijos me odien como yo a mis padres*).

2. Recuerda una ocasión cuando estuviste sumamente agradecida por una palabra de corrección, advertencia o disciplina.

3. Recuerda una ocasión cuando una palabra de aliento te motivó a hacer las cosas con excelencia o integridad.

4. ¿Cómo les va a ti y a tu esposo con la regla de 10 por 1 (diez porciones de amor y ánimo por una de disciplina y corrección)? ¿Dónde se encuentran en esa escala? ¿Podrían mejorar?

5. ¿Estás permitiendo que tus hijos cosechen las consecuencias de sus acciones, buenas o malas, de acuerdo a sus edades? O ¿estás protegiendo demasiado a tus hijos de la realidad? Si la respuesta es sí, ¿por qué lo estás haciendo?

Resumen

La disciplina es esencial porque ayuda a nuestros hijos a entender que sus acciones tienen consecuencias con las cuales van a tener que enfrentarse, para bien o para mal. Con el ánimo contribuimos a que nuestros hijos acepten responsabilidades que aportarán a su crecimiento y les ayudarán a llegar a ser adultos dignos de confianza. Diez porciones de ánimo por una de disciplina son esenciales para el desarrollo de nuestros hijos.

Nueve

Las tres claves de la maternidad: la comunicación, la sabiduría colectiva y la comunidad

Uno de los problemas que va en aumento en Estados Unidos es la soledad. Eso está afectando a las mamás. Creo que el deseo de ser famosas es resultado, en parte, de esa sensación de aislamiento y de que somos invisibles en nuestra sociedad. Las personas se sienten invisibles porque creen que nadie cuida de ellas. El catedrático de psicología en la ciudad de Chicago, John T. Cacioppo, es coautor del libro: *Loneliness: Human Nature and the Need for Social Connection* [La soledad: la naturaleza humana y la necesidad de tener conexiones sociales]. Después de realizar una investigación extensa, él y su coautor calculan que sesenta millones de estadounidenses sufren de soledad.[1] Las mamás que vienen de familias destrozadas, o que por alguna razón tienen que mudarse, se pueden sentir desconectadas.

Cuando vivíamos en Palo Alto, iba todos los días al parque con mis hijos, y todos los días estaba con las niñeras solamente. El hecho de que muchas de nosotras trabajamos fuera del hogar contribuye a que no tengamos el apoyo de otras mamás como lo tenían las generaciones anteriores. Sin comunicación y sin comunidad, nos quedamos con el sentimiento de que no tenemos el apoyo de la sabiduría comunal, y nos sentimos aisladas cuando tenemos que tomar decisiones. Esos asuntos son serios para las mamás, ya que todas necesitamos consejos sabios y ánimo.

El aislamiento es un problema que va en aumento, pero tanto para las mamás como los chicos, tenemos que enfrentarlo con determinación. Siendo que nos hemos mudado varias veces, puedo decirte que una comunidad no se forma con el simple hecho de desearlo. Hay que esforzarse y aplicar la hospitalidad como el ingrediente principal.

LA COMUNICACIÓN: DOS OREJAS Y UNA BOCA

En Deuteronomio 6.6–7 Dios enfatiza la importancia de comunicarnos con nuestros hijos: «Grábate en el corazón estas palabras que hoy te mando. Incúlcaselas continuamente a tus hijos. Háblales de ellas cuando estés en tu casa y cuando vayas por el camino, cuando te acuestes y cuando te levantes». Todo consejero puede afirmar que la comunicación es crucial, no hay excusa alguna para dejar de comunicarnos con los miembros de nuestra familia. Nosotras las mujeres somos muy bendecidas, porque a la mayoría nos encanta comunicarnos y establecer relaciones. Sin embargo, en la comunicación es de suma importancia escuchar al igual que hablar, esta verdad se aplica especialmente con nuestros hijos a medida que crecen.

Para aprender a hablar, cuando éramos bebés, lo primero que tuvimos que hacer fue escuchar, lo mismo sucede con nuestra relación con el Señor: «Estad quietos, y conoced que yo soy Dios» (Salmos 46.10, RVR1960). La calidad de nuestra escucha determina en gran parte la fortaleza de nuestra relación con nuestro cónyuge y nuestras amistades, también es un ingrediente poderoso para desarrollar nuestra relación con nuestros hijos a medida que ellos crecen. Prestarles atención a nuestros hijos cuando nos hablan es esencial para tener una buena relación con ellos, con el correr del tiempo. El hecho de escucharlos nos ayudará a saber cómo son en lo profundo de su ser, podremos saber cómo se están desarrollando y en quienes se están convirtiendo a medida que crecen y se hacen independientes.

En nuestro rol de padres, es necesario que desarrollemos relaciones con mucha comunicación y confianza. Nuestro deseo es que aun cuando nuestros hijos sean adultos nos busquen cuando necesiten de un consejo. Pero no lo harán si se sienten rechazados o si sienten que no pueden confiar en nosotros o si tienen la idea de que no nos preocupamos mucho por ellos. También es necesario que cuando nuestros hijos nos confiesen sus faltas o fracasos tengan la seguridad de que antes que nada los estamos escuchando, y que actuaremos de acuerdo al gran amor y respeto que les tenemos.

Como padre de familia, te toca a ti asegurarte de que tus hijos no te tengan miedo a ti ni a tus decisiones. Es vital que puedan respetar tu autoridad paterna, ya que si ese respeto se torna en temor, te será muy difícil comunicarte con ellos. Por sobre todas las cosas, debes desear que ellos te busquen en cualquier circunstancia que enfrenten. Nuestros hijos nos han contado cosas muy difíciles a Gregory y a mí. Te diré que es difícil no culparnos a veces por nuestras fallas como padres. Aunque tenemos que respetar la privacidad de ellos, debo decirte que sabemos que nuestros hijos se arrepienten de haber tomado ciertas decisiones, y nosotros también. Soy testigo de que la comunicación sincera nos ha permitido pasar por momentos tempestuosos, en los cuales la clave ha sido el amor, la confianza y la comunicación. Y no hemos dudado en dejar que la disciplina y las consecuencias tomen su lugar.

Los adolescentes tienen fama por ser muy volubles en su manera de comunicarse, pero he descubierto varios medios de comunicación que todo padre puede usar. Son medios simples pero pueden tomar algo de tiempo, uno de ellos es pasar tiempo en la cocina con tus hijos. Aunque detestes la cocina, aprende a hacer galletas o cocina algo sencillo, esta es una forma de fomentar conversaciones importantes. Nuestra generación no cocina tanto como lo hacían nuestras abuelas, pero no es sabio dejar de lado la cocina como el centro de comunicación. Por una u otra razón los chicos van a la cocina, aprovecha esa oportunidad. Cuando comemos a la volada eliminamos uno de los lugares más importantes que tenemos hoy para comunicarnos como familia. Es una gran bendición para todos cuando tomamos tiempo para sentarnos a la mesa y disfrutamos de una comida, por muy sencilla que sea.

El amor que se comparte en la hospitalidad y la comida al sentarnos a la mesa toma un matiz espiritual. Aunque estés muy ocupada, crea un ambiente agradable para tu familia en torno a la mesa. Aun si compras comida ya hecha, coman el alimento sentados a la mesa, y disfruten de una buena conversación. Trata a tus hijos como a un adulto educado y serán adultos educados algún día. Lo más importante es que tus hijos anhelarán sentarse a la mesa para pasar tiempo juntos. Con frecuencia, en este mundo tan ocupado en el que vivimos, comemos en el carro o con prisa en la cocina. Tomar tiempo para sentarse a la mesa como familia requiere que hagamos un esfuerzo, pero si no lo hacemos y no comemos juntos, habremos dejado de lado uno de los medios más efectivos para la comunicación.

HOSPITALIDAD: ESTABLECE RELACIONES POR MEDIO DE LA AMABILIDAD

La Biblia misma nos anima a que recibamos a otras personas en nuestra casa, y que lo hagamos con generosidad. Nuestro deseo debe ser que nuestros hogares sean acogedores, y que la gente disfrute estar en nuestra casa, que disfrute de nuestra hospitalidad. Esto es un arte que corre el peligro de desaparecer en medio del clima tan ocupado en el que vivimos hoy. Mi mamá era un gran ejemplo de hospitalidad, estoy muy agradecida por su gran ejemplo. Pero tengo amigas que vienen de familias en las cuales la hospitalidad estaba llena de tensión porque demandaba mucho trabajo, y para muchas de ellas no solo eso sino también mucha crítica. Muchas mamás, y me incluyo yo, corren por toda la casa gritando órdenes a sus tropas, esposo e hijos: ¿ya está limpio el baño? ¿Ya sacudieron el polvo? ¿Ya se cambiaron de ropa? ¿Ya está puesta la mesa? Con razón que cada vez más la gente se va a un restaurante para atender a sus invitados.

Una vez me llamó una amiga, después de una cena divertida, de la que me encargué, para pedirme que la ayudara a desarrollar la habilidad de ser una buena anfitriona. Esa amiga amaba a su mamá y tenía una buena relación con ella, pero cada vez que tenían visita en la casa, la familia sabía que su mamá se transformaría en un monstruo, por así decir, ya que se ponía ansiosa con cada detalle. El resultado era que mi amiga no quería invitar a nadie a su casa. Pasé un tiempo con ella, lo cual disfruté mucho, y me parece que esa asesoría la ayudó mucho a desarrollar algo importante en su vida. Si ser hospitalaria se te hace difícil, busca mentores. No fuimos creadas para hacer las cosas solas, algunas tenemos que salir de nuestra rutina y tenemos que pedir ayuda.

Si somos hospitalarias, será mucho más fácil para nuestros hijos serlo también. La hospitalidad establece comunidad. Tus hijos te lo agradecerán y también tendrán ese don cuando sean adultos. A través de los años, he guardado las tarjetas del Día de la Madre de mis hijos y, sin exageración, en algún momento cada uno de ellos ha mencionado que soy chef, o como lo dijera mi Christian, cuando tenía cinco años: «una buena cocinera». La verdad es que no me gusta la cocina, pero lo que me encanta es que me da el tiempo para conversar con mi familia a la hora de la comida. Por lo general puedo tener una buena conversación con uno o dos de mis hijos mientras preparamos la comida juntos. La comunicación que surge en ese momento, hace que todo el esfuerzo valga la pena.

LAS CONVERSACIONES

Tal como muchas otras mamás, he llevado a mis hijos de aquí para allá a toda actividad que hay bajo el cielo. Lo impresionante es que uno se entera de muchas cosas cuando tiene un montón de chicos en la parte posterior del carro. Puede que sea muy tedioso y tome mucho tiempo llevarlos a cada actividad, esperar en cada evento y, después de eso, llevar a cada uno a su casa. Pero mi consejo es que te apuntes como voluntaria para llevar a los chicos cuando tengas la oportunidad de hacerlo. Una mamá escucha muchas cosas en el auto cuando los chicos bromean y hablan de su vida diaria, es sorprendente ver que con frecuencia se olvidan que mami está en el asiento delantero y dicen cosas reveladoras. También he descubierto que si mi escritorio está junto a los medios de comunicación que tenemos en la casa, ese espacio se convierte en una buena fuente de conocimiento, aunque distrae y es algo bullicioso, es un punto estratégico desde donde una mamá se entera de muchas cosas.

Es crucial que las familias desarrollen formas de convivencia que les permitan unirse más, y que sirvan como medios para fortalecer los lazos familiares. Hay muchas formas de unir a nuestras familias: ir de pesca, acampar, cocinar juntos. La Navidad es una fiesta que todos disfrutamos, pero a veces se parece más a una maniobra militar que a una festividad. La foto familiar navideña, las decoraciones y los villancicos son buenos, pero la Navidad puede ser abrumadora, especialmente con el materialismo descontrolado de nuestra cultura. A nosotros nos encanta el aspecto espiritual de la Navidad, pero como familia preferimos el Día de Acción de Gracias como una festividad pura, en la cual cada miembro de la familia participa en la cocina preparando la comida y compartiendo recuerdos de otros Días de Acción de Gracias del pasado.

Tanto Gregory como yo venimos de familias en las cuales pasamos nuestros mejores tiempos cuando viajábamos juntos y estábamos en nuestra mejor disposición y jugábamos mucho, por lo que no es para sorprenderse que Gregory y yo viajemos mucho con nuestros hijos, y nos encanta hacerlo. Hasta el día de hoy todos nuestros hijos, incluyendo los mayores, nos preguntan: «¿A dónde vamos a ir de vacaciones este verano?». Estoy segura que nuestros hijos van a repetir nuestro ejemplo en cuanto a la hospitalidad y las vacaciones con sus propias familias en el futuro, a todos les gusta recrear la alegría de su propia niñez.

LOS PELIGROS DEL MUNDO ELECTRÓNICO

Algo que puede ser peligroso para las familias de hoy es que aunque estamos más conectados por medio de la electrónica, podemos estar desconectados en lo personal. Los medios de comunicación social y el mundo electrónico pueden ser impedimentos para la buena comunicación. Lo que hemos podido observar es que los varones tienden a sumergirse en los juegos de video y de computación, y las chicas en las redes sociales. Ese mundo electrónico puede absorber gran parte de su atención al punto que con facilidad las interacciones humanas reales pasan a un segundo plano. Mis vísceras casi se revientan la primera vez que uno de nuestros hijos me interrumpió para contestar el teléfono cuando yo estaba hablando a la hora de la cena. Desde ese momento nos hemos asegurado de que nuestros hijos sepan cuál es la etiqueta correcta en relación a los teléfonos celulares. Nuestro deber como padres es mantener a nuestros hijos conectados con nosotros y no permitir que la tecnología reemplace a la interacción humana. Por otro lado, me encanta lo conveniente y la seguridad que la tecnología provee, porque en caso de una llanta ponchada, o si hay que recoger a alguien de la escuela, son cosas que se pueden solucionar fácilmente con una llamada telefónica. La tecnología puede ser nuestra aliada si la mantenemos bajo un arnés, pero no podemos dejar que sea algo desenfrenado y que controle a nuestras familias.

En un estudio investigativo realizado por Kleiner Perkins Caufield & Byers, se observó que el usuario promedio de teléfono celular lo revisa ciento cincuenta veces al día.[2] Otro estudio titulado: «Pulling Off the Mask: The Impact of Social Networking Activities on Evangelical Christian College Students» [El desenmascaramiento: el impacto de las actividades de las redes sociales en estudiantes universitarios cristianos evangélicos], realizado por el Gordon College en Massachusetts, reportó que algunos de los estudiantes pasaban hasta cincuenta horas a la semana en actividades relacionadas con los medios de comunicaciones sociales, sin incluir conversaciones telefónicas o el tiempo que pasan mirando televisión.[3] YouTube, Netflix, Facebook e internet no solo hacen que sea fácil desperdiciar el tiempo, sino que también su uso obsesivo hace que disminuya el establecimiento de comunidad en gran escala.

Si mantenemos a nuestros hijos conectados y en comunidad veremos que usarán menos los medios electrónicos. La adicción a la electrónica y al internet es un verdadero problema, puede reprimir el crecimiento espiritual de nuestros hijos y eliminar la dinámica familiar. Es necesario que nuestros hijos aprendan a pasar sus días de manera productiva sin la electrónica, y que sean guiados a actividades y entretenimiento que los satisfagan. El uso de la electrónica hace que los chicos sientan que están conectados con sus amigos y con el resto del mundo. La solución es que aprendan a usar los medios sociales de comunicación de manera responsable. Para ello debemos ayudarlos a tomar decisiones sabias en cuanto a cómo usar bien su tiempo, y podemos lograrlo en parte cuando les ayudamos a que aprendan a valorar el sentido de comunidad y el tiempo familiar. Nada sustituye a la interacción con personas reales.

LA SABIDURÍA COLECTIVA

Me encanta la jardinería. Cuando cultivo flores siento que estoy cerca de mi padre ya que él tenía un gran talento con las flores. Quedé encantada con nuestra casa en New Hampshire cuando vi las bellas enredaderas de glicinias que enroscaban sus raíces gruesas en las columnas a lo largo de la casa. El paisaje de Hanover es muy hermoso, aunque tiene muchos arces y olmos no tiene una gran variedad que digamos. Por dondequiera que miraba veía el mismo tipo de árboles, plantas y arbustos.

Cuando nos mudamos al norte no tenía experiencia alguna en jardinería. De haber recibido consejo de mis nuevos amigos, del club de jardinería de la ciudad o del vivero local, me hubiera ahorrado muchos errores que me costaron muy caro. En los años que hemos vivido aquí, hemos tenido temperaturas que van desde treinta grados bajo cero Fahrenheit hasta más de cien grados, en el mismo año. Hemos tenido veranos con sequía cuando las plantas se marchitaban, y veranos en que llovía por días, y las plantas se enmohecían y se pusieron mustias. También hemos tenido venados y marmotas que se comían nuestras lindas flores. Después de haber vivido dos años en Hanover aprendí a hacerles preguntas a los jardineros que tenían experiencia, para no cometer errores garrafales a causa de mi ignorancia.

Sé que muchas de las mujeres no creen saberlo todo respecto a la sabiduría, pero la mayoría de nosotras piensa que *deberíamos* saberlo todo. Por lo menos sentimos que deberíamos tener todas las cosas bien controladas, lo que nos impide pedir consejo y hacer preguntas. Debemos admitir con toda humildad que no todo es perfecto, cuando conversamos directa y sinceramente con otros. Hacer esto es más doloroso cuando se trata de nuestros hijos. Ser humilde es esencial cuando necesitamos consejo y ayuda. A causa del dolor en mi vida, muchas veces el consejo sabio me ha puesto nuevamente en el camino de la gracia.

A mi amiga Amy le gusta ser independiente y autosuficiente. Se le hace muy difícil pedir ayuda cuando la necesita. No le gusta molestar a otros con sus preocupaciones. Pero durante una situación familiar muy difícil aprendió a buscar la ayuda de la iglesia y de sus amigos. Se dio cuenta de que no tenía que avergonzarse, porque en algún momento de nuestra vida todos necesitamos ayuda. Las Escrituras nos enseñan que cuando damos recibimos. Así que cuando buscamos ayuda, les estamos

dando a otros la oportunidad de servir a alguien en necesidad. Solo asegúrate de servir a otros cuando tengas la oportunidad de servir y haz
todo lo que puedas para ayudar. Nos necesitamos mutuamente.

En el libro de Proverbios hay muchos versículos que hablan de los
beneficios que fluyen como resultado de la sabiduría colectiva, como:
«La sabiduría está con quienes oyen consejos» (Proverbios 13.10). No
solo sabiduría sino también la victoria es un beneficio cuando recibimos el consejo de muchas personas. Cuento con la bendición de tener
amigas que son mamás maravillosas. Estoy agradecida por tener amigas muy espirituales que oran conmigo en momentos difíciles y me
muestran el camino correcto. Recuerda este versículo cuando necesites
dirección:

> Cuando falta el consejo, fracasan los planes; cuando abunda el
> consejo, prosperan. (Proverbios 15.22)

¿Tienes un grupo de mujeres que puedan hablarte al corazón con
sinceridad en cuanto a asuntos en tu vida y la de tu familia? ¿Les permi-
tes a esas mujeres que te digan la «verdad con amor» (Efesios 4.15)? ¿Has
desarrollado una comunidad que rodee a tu familia y que pueda ayudarte en los momentos difíciles? Es vital tener el apoyo de aquellos que han
pasado por las experiencias que estamos pasando y, en el momento dado,
podremos ayudar a los que pasarán por lo mismo.

EVITA LA CÁMARA DE ECO

Las conversaciones de las mujeres se pueden convertir en una cámara de
eco con mucha facilidad. En una clase de filosofía, en Amherst College, me
impresionó mucho el influyente ensayo de Jean-Paul Sartre: «El ser y la
nada». El punto prominente que pude sacar de ese ensayo es la tendencia
humana a buscar el consejo de alguien que simplemente va a confirmar

lo que queremos oír. Es importante que no creemos una cámara de eco por temor a que alguien nos diga la verdad. Si estás recibiendo el consejo de un grupo pequeño de consejeros que solo te dicen lo que quieres que te digan, o lo que te han dicho antes, tu crecimiento espiritual y emocional será perjudicado.

Las mamás pueden ser vulnerables a los elogios. Por ello necesitamos que nuestros esposos, amigos y consejeros no teman decirnos la verdad. Es probable que perdamos amigos por decir la verdad. No depende de nosotros cómo reaccionen los demás cuando reciban un consejo, pero debemos ser humildes para recibir el punto de vista de otra persona. Si alguien se te acerca y te dice algo acerca de uno de tus hijos, no seas pronto en despedirlo. Gregory y yo agradecemos mucho cuando algún adulto nos dice algo acerca de nuestros hijos. No me refiero al chisme tóxico, estoy hablando de hechos reales que los padres debemos saber. No seas del tipo de padre al que otros adultos temen acercarse. Mi esposo y yo nos enteramos que la hija de unos amigos estaba vendiendo drogas para poder solventar su propio hábito. Así que les dijimos a nuestros amigos lo que sabíamos, pero tristemente, ellos no querían reconocerlo y no quisieron escuchar la verdad.

Sabemos, por experiencia propia, lo que es recibir verdades que son difíciles de escuchar. Es difícil en muchos aspectos, pero en esos momentos hacemos la siguiente oración: «Señor, revélanos qué es lo que nuestros hijos están haciendo, no importa cuán difícil sea. Que seamos los primeros en enterarnos y no los últimos». En una ocasión, una persona adulta que conocíamos se acercó a Gregory para darle información de algo doloroso que se había enterado en el Facebook (vale la pena revisar los muros de Facebook de nuestros hijos y las otras cuentas electrónicas), algo referente a uno de nuestros hijos. Esa persona se disculpó, Gregory dijo que parecía un poco nerviosa, pero nosotros estuvimos muy agradecidos por la información acerca de nuestro hijo. Gregory y yo oramos constantemente pidiéndole a Dios que nos haga saber lo que hacen nuestros hijos. Él responde esas oraciones. La verdad siempre será nuestra aliada, aunque duela a veces.

LA COMUNIDAD ES FUNDAMENTAL

Las mamás, los papás y sus hijos forman su propia pequeña comunidad, pero es vital que estemos conectados a una comunidad más grande que esté a nuestro alrededor. Para muchos de nosotros el hecho de establecer una comunidad y un sistema de apoyo en nuestro entorno demanda mucho esfuerzo. Si somos parte de una familia grande, tendremos la bendición de contar con un sistema de apoyo del cual podemos recibir soporte por el resto de nuestras vidas. A pesar de habernos mudado muchas veces, Gregory y yo nos hemos esforzado por establecer y mantener las amistades que son más importantes para nosotros. Las iglesias locales han sido una fuente de apoyo, al igual que los estudios bíblicos y los grupos de oración. Es de suma importancia que encontremos una comunidad para poder beneficiarnos de la sabiduría colectiva que necesitamos para ser las mejores mamás que podamos. Es obvio que los centros laborales también son una fuente donde podemos encontrar amistades, al igual que los programas atléticos, los nuestros y los de nuestros hijos, las escuelas, y los lugares en los que podamos hacer obra voluntaria. A pesar de que todo eso parezca ser algo muy obvio, las investigaciones dicen que una gran parte de la población se siente muy sola. Poder establecer comunidad es muy importante para el gozo humano, y como mamás tenemos una posición clave para establecer la comunidad.

Una de las cosas más bellas al leer la Biblia es que entramos en la comunidad de aquellos que han vivido buscando al Señor. Dios nos hace partícipes de esa comunidad y nos habla de una manera fresca a través de su Palabra. Eso es algo que nosotras las mujeres y las mamás necesitamos. No dejes la comunidad de la Palabra, ella te alimentará, te sorprenderá, te desafiará continuamente con una forma nueva de ver al mundo. No podemos tener un ancla espiritual fuerte en este mundo si no tenemos una relación con la Palabra y con otras personas. Al leerla, recibimos consejo sabio. También hemos sido creadas para estar íntimamente conectadas con otras personas.

La Biblia nos advierte que las personas que se aíslan de los demás corren el peligro de caer en el egoísmo y la necedad, tal como está escrito en Proverbios 18.1:

> El que vive aislado busca su propio deseo, contra todo consejo se encoleriza. (LBLA)

Esta tendencia que va en aumento, en que las personas quieren estar aisladas y solitarias, puede ser fatal para las familias, ya que ninguno de nosotros fue creado para estar solo.

TIEMPOS DE JUGAR PROGRAMADOS

Mi mamá me dijo algo muy sabio cuando mis hijos eran pequeños. Yo me sentía muy decepcionada porque a mis hijos pequeños no los invitaban a las casas de sus amigos para jugar. Ella me dijo que era mejor que yo invitase a sus amigos a jugar en nuestra casa porque así sabía qué era lo que permitía en mi propia casa. Eso era sabiduría profunda. Ahora que tengo hijos en la edad de los veinte para arriba, agradezco haberme esforzado e invitando a los amigos de mis hijos a jugar en casa, aunque no recibiese nada a cambio. De hecho, algunas mamás del vecindario se aprovecharon de que las puertas de nuestra casa siempre estaban dispuestas a recibir a los amigos de nuestros hijos y los dejaban todo el tiempo con nosotros. Sin embargo, eso fue una bendición para nuestros hijos y sus amigos ya que les ayudó a forjar comunidad, y después de todo, eso es lo más importante.

En mi infancia, todos los chicos del vecindario jugaban en la calle. Había ferias callejeras, presentaciones de dramas, y nuestras mamás solo nos decían en las noches de verano que regresáramos a casa a las 8 de la noche. Las calles eran seguras, podíamos jugar tejo y fútbol. Nadie iba a campamentos o a clases de tenis, ni a ninguna de las otras cosas que inventamos hoy para mantener a nuestros hijos ocupados y fuera de peligro. Aun las mamás que enseñan a sus hijos en sus casas optan por algunas de esas actividades extracurriculares. Yo lo hice para que mis hijos no se sintieran solos, cuando todos los chicos del vecindario estaban ocupados con sus actividades, y sus amigos más cercanos estaban dedicados a otras cosas. Como dice el refrán: cuando estés en Roma, haz lo que vieres.

La estrategia de que tu casa sea un punto de reunión para tus hijos y sus amigos, a la larga, no solo protegerá a tus hijos sino que también evitará que te resientas. Cuando pude ver que eso era parte del plan de Dios para mí, pude aceptar como un privilegio el poder asesorar a la siguiente generación, y no solo a mis hijos. Me di cuenta de que ser hospitalaria con los amigos de mis hijos era parte de un ministerio más grande, y ha sido una fuente de mucha alegría.

En California, en Virginia, en Bermuda y en New Hampshire, siempre hemos mantenido la política de puertas abiertas, es decir: todos son bienvenidos en cualquier momento, porque sabemos qué es lo que permitimos y lo que no permitimos en nuestra casa. Durante el día me encargo de alimentar al tropel de muchachos hambrientos, la comida es un buen iniciador con los chicos. Muchas conversaciones han comenzado con un plato de galletas. Nuestra casa se ha convertido en un imán para aquellos chicos que no tienen a dónde ir. Hemos organizado fiestas para adolescentes en nuestra casa, y Gregory o yo les damos la bienvenida a nuestros jóvenes invitados en la puerta, y nos hemos quedado despiertos hasta altas horas de la madrugada para supervisarlos a todos y desearles las buenas noches. Los chicos necesitan una válvula de escape, si nosotros no hacemos lo que nos toca y no les proveemos entretenimiento controlado, lo van a buscar en otro lugar. Nuestros hijos son seres sociales al igual que nosotros.

Como con todo lo que hagamos, necesitamos sabiduría para establecer comunidad. Una amistad que comienza a la edad de cinco años puede que no resista la prueba del tiempo. Es difícil tener que cerrarles la puerta a chicos por los que uno siente amor e interés. Sin embargo, hemos llegado a la conclusión de que por el bien de nuestros hijos hay momentos en que las amistades necesitan ser podadas. En esas situaciones raras aunque importantes, he visto que nuestros hijos han entendido que algo no estaba bien con esa amistad y, a menudo, se han sentido aliviados cuando hemos tenido que ponerle fin a una amistad que no era saludable.

Básicamente, las tres claves de la maternidad tienen que ver con el ministerio de las relaciones y cómo podemos edificarlas para que sean sanas y dinámicas. Jesús quiere que pongamos a nuestras amistades en orden de prioridad, eso es lo que él hizo durante su ministerio en la tierra, y lo continúa haciendo desde su trono en el cielo. Él no solo era el Cristo, sino que fue el primer cristiano. Vivió en esta tierra como ejemplo para mostrarnos cómo debíamos hacer las cosas. El ministerio de Jesús es un gran consuelo para nosotras las mamás, porque en cierta forma vino a ser una mamá para su pueblo: «Cuántas veces quise juntar a tus hijos, como la gallina junta sus pollitos debajo de sus alas» (Mateo 23.37, LBLA). Por eso debemos continuar nuestro ministerio maternal con nuestras familias y nuestras comunidades, sabiendo que el Señor está con nosotros en esta buena obra.

Medita en lo siguiente

La Palabra de Dios

Quédense quietos, reconozcan que yo soy Dios.
(Salmos 46.10)
La sabiduría está con quienes oyen consejos.
(Proverbios 13.10)
Ahora bien, ustedes son el cuerpo de Cristo, y cada uno es miembro de ese cuerpo. (1 Corintios 12.27)
Cuando falta el consejo, fracasan los planes; cuando abunda el consejo, prosperan. (Proverbios 15.22)

Palabras de los autores

«Es necesario que cuando nuestros hijos nos confiesen sus faltas o fracasos tengan la seguridad de que antes que nada los estamos escuchando, y que actuaremos luego de acuerdo al gran amor y respeto que les tenemos».

Evalúa

1. Los autores mencionan varios lugares que se prestan para que puedas escuchar a tus hijos: la cocina, la mesa (¡sin celulares!), el carro y las vacaciones. ¿Cuáles te dan buenos resultados? ¿Podrías añadir otras sugerencias?

2. ¿Tienes amigos que te amen tanto que no temen decirte la verdad o buscas una cámara de eco? ¿Qué clase de amiga eres tú?

3. ¿Por qué es importante que tu hogar sea el centro de comunidad para los amigos de tus hijos? ¿Qué puedes hacer llegar a esta meta?

4. ¿Buscas amigas sabias que te puedan dar buenas sugerencias, aun cuando sean diferentes a tu forma de pensar o actuar? ¿Estás dispuesta a escuchar esas ideas?

5. ¿Te buscan tus hijos para compartir contigo sus preocupaciones más profundas y sus errores más grandes? Si no lo hacen, explica por qué. ¿Qué puedes hacer para establecer un nivel de comunicación y confianza más profundo?

Resumen

Las mamás son parte de un diálogo, no un monólogo. Ser mamá quiere decir que estamos en una conversación. Conversamos con nuestro esposo, nuestros hijos, nuestra comunidad, nuestra iglesia y nuestro Dios. Podemos recibir mucha sabiduría y gozo por parte de otros, así que toma el tiempo necesario para cultivar esas conversaciones y presta mucha atención a lo que escuches.

Diez

La crianza en una era ocupada: el tiempo es nuestro amigo

El internet es un lugar interesante en el cual se pueden encontrar historias de crianza. Una que se difundió en línea en junio del 2014 se titula: «El día que dejé a mi hijo en el carro», en Salon.com. La autora es Kim Brooks y comienza con un pasaje con el que todo padre puede identificarse: «El día en que eso ocurrió no era diferente a los demás, yo estaba preocupada y estaba atrasada. Estaba preocupada porque dentro de unas horas iba a tener que aguantar un vuelo de dos horas y media con mis hijos de uno a cuatro años de edad; estaba atrasada porque como todo padre de niños pequeños, me doy con la realidad de que no hay suficientes horas en un día».[1]

La señora Brooks estaba corriendo por todos lados alistándose para el vuelo de retorno a su casa después de haber visitado a su mamá, así que dejó a su hijo solo, en el carro de su madre, mientras corrió a la tienda por cinco minutos para comprar algo que distrajera a su hijo en el avión. Alguien que pasaba por ahí, vio al niñito solo en el carro, sacó de inmediato su iPhone, llamó al número de emergencia y grabó un video. La policía rastreó el carro hasta dar con la mamá de la señora Brooks, a la que le dieron una orden de arresto.

Creo que todos podemos identificarnos con un día agotador que hace que cometamos errores humanos al tomar algunas decisiones. Gregory y yo tuvimos tres hijos en un período de tres años y medio, y me aterrorizaban nuestros viajes frecuentes por avión, ya que por lo general viajaba sola con los bebés. Yo maldecía a los aviones por hacer que el botón para llamar al auxiliar de vuelo fuese de un color anaranjado tan llamativo y tentador, pues me pasaba mucho tiempo tratando de impedir que las manos gorditas de mis bebés los tocasen, cosa que no siempre lograba. Así que leí la historia de la señora Brooks con empatía porque puedo comprender muy bien el estrés que uno como mamá siente cuando está abrumada. Pero lo que me pareció muy peculiar es que en su preocupación por justificarse y tratar de calmarse a sí misma y a los lectores, ni una sola vez mencionó lo más importante: que ama a su hijo. Ni una sola vez. Conté las veces que usó la palabra *amor*, pero nunca lo hizo en relación a sus hijos, lo que refleja el hecho muy destacado de que, con frecuencia, el estar muy ocupadas puede ahogar aquello que es más importante en la vida, específicamente, amar a nuestros hijos. Nuestro Padre celestial no quiere que ahoguemos aquello que es más importante en la vida en medio del trajín y el ajetreo. En realidad él quiere ayudarnos a que hagamos que el tiempo sea nuestro aliado en cada área de nuestras vidas.

LA TIRANÍA DE LO TRIVIAL

Todas las mamás tienen que luchar con la realidad de estar muy ocupadas, pero tenemos que darnos cuenta que el estar ocupadas casi siempre interfiere con las metas principales a largo plazo de nuestras familias. Es crucial que el amor por nuestra familia triunfe sobre lo que llamo la tiranía de lo trivial. Siendo que hay tantas cosas que llaman nuestra atención con urgencia, con facilidad nosotras también podemos quitar la mirada de lo que es verdaderamente importante. Si no tenemos cuidado se puede volver un mal hábito el tratar a la ligera las cosas que son importantes por atender los detalles de la vida, lo que a la larga traerá consecuencias involuntarias.

Por ejemplo, cuando mis hijos eran muy pequeños, me era muy difícil levantarme temprano para tener mi tiempo a solas con Dios en calma y silencio. Antes de tener hijos dedicaba una hora cada día para leer las Escrituras y orar, pero una vez que tuve a mis bebés, me di cuenta de que no importaba cuán temprano me levantase. Ellos se despertaban más temprano que yo. Y una vez que estaban despiertos, el preciado tiempo que tenía era poquito y no había ni calma ni silencio. Por muchos años caí en la rutina de no tener mis devocionales. Al final de la noche lo único que quería era tener tiempo para mí. Nunca he sido una persona que tiene que tener un día lleno de actividades, me gusta estar a solas para poder pensar y reflexionar. Eso me ayudó mucho en mi vida espiritual antes de que tuviéramos hijos. Pero una vez que los tuvimos la vida se volvió tan ocupada que parecía que no tenía tiempo para interactuar con nadie, ni aun con el Señor. Me tomó un buen tiempo para darme cuenta que estaba empujando a Dios fuera de mi vida para atender a todos y a todo lo demás. Hoy he vuelto a tomar, consciente y deliberadamente, una rutina constante de disciplinas espirituales, sin ellas no podría crecer en la fe.

La vida de una mamá trae consigo el peligro de las listas de las cosas que se tienen que hacer. El estar muy ocupadas es una trampa que hace que perdamos de vista a Dios, nuestras familias y aun a nuestra propia alma. Con el correr del tiempo las tantas ocupaciones pueden mermar el gozo y el propósito que la conexión con otros nos da. Estos son peligros reales para todas nosotras, especialmente para las mamás jóvenes. Cuando somos mamás jóvenes nos despierta el sonido de las voces de nuestros hijos que necesitan de nuestra atención. Puede que no hayamos dormido toda la noche, pero prestamos atención a las necesidades físicas de nuestros hijos. Si trabajamos fuera de casa dejamos todo listo para la nana o niñera; si somos amas de casa nos encargamos de que nuestros hijos tengan actividades productivas. Cada día gira en torno a tareas y detalles, al atardecer todos esperan que preparemos la comida, al llegar la noche, por lo general, estamos muy cansadas. Lo único que queremos hacer es leer un buen libro o mirar una película y luego irnos a dormir. He vivido esa realidad, la conozco muy bien.

Todos tenemos esa trampa de las ocupaciones. La mayoría de las cosas que hacemos por nuestras familias caen en una u otra categoría: lo «bueno» o lo «importante». Es difícil escoger qué es lo que debemos eliminar para poder pasar tiempo valioso con el Señor, con nuestro cónyuge y con nuestros hijos. ¿Debemos eliminar algo tan importante como apoyar a la iglesia o a la escuela en actividades para recaudar fondos, o mi trabajo fuera de casa? Nuestras familias necesitan que nosotros hagamos la mayoría de las cosas con las que estamos comprometidas, ellas se benefician con nuestra dedicación. Pero todas esas cosas marcan un ritmo que, para la mayoría de nosotras, es abrumante.

Todo este activismo puede hacer que dejemos de ser las hijas amadas de nuestro Padre celestial y nos puede apartar del gozo de estar a diario en su presencia y su amor. Los momentos refrescantes nos permiten que llenemos las cisternas vacías en nuestra alma. Jesús nos da una ilustración perfecta de esa verdad cuando habla con otra mamá: la mujer samaritana que estaba junto al pozo en Juan 4.14: «pero el que beba del agua que yo le daré, no volverá a tener sed jamás, sino que dentro de él esa agua se convertirá en un manantial del que brotará vida eterna».

El Señor no solo llena nuestro vacío, sino que nos promete llenarnos hasta rebosar para que podamos llenar a otros. Precisamente, cuando estamos llenas de sus ríos de agua viva podemos tomar de esa llenura y darles amor y paz a nuestras familias. Es muy fácil pasar varios días y semanas sin disfrutar de tiempos refrescantes con el Señor. Estar demasiado ocupadas es muy peligroso tanto para nosotras como para nuestras familias. El agotamiento es resultado final de estar muy ocupadas por mucho tiempo. Es exactamente lo opuesto a lo que el Señor quiere con nosotras.

LA LUCHA CONTRA UNA CULTURA LLENA DE ACTIVIDADES

¿Cómo podemos luchar contra nuestra cultura que está llena de actividades, una forma de vida que está bien profundizada en muchas de nosotras? Esto es lo primero que tenemos que recordar: el tiempo es nuestro aliado. Nuestro Padre celestial es el creador del tiempo y nos lo ha dado gratuitamente a cada una de nosotras. El tiempo no es el enemigo en nuestras vidas, aunque a veces vivimos como si lo fuera y decimos: *Si tuviera más tiempo, podría lograr...* Dios no está preocupado por el tiempo porque él lo creó para poder llevar a cabo su plan eterno. Cometemos un error cuando creemos que el plan B está en efecto porque el plan A falló. Dios quiere que vivamos con paciencia, sé que no ayuda nada que yo añada ansiedad a la vida porque estoy muy apurada.

Tenemos el mismo regalo cada día: veinticuatro horas para invertirlas de la manera que mejor nos parezca. Así que, si el tiempo está de nuestro lado, ¿cómo podemos manejarlo de manera que honre a nuestro Padre celestial y nos permita cuidar de aquellos a quien él nos ha dado? ¿Cómo hacemos que el tiempo sea verdaderamente nuestro amigo? He aprendido varias lecciones importantes con algunas de las mejores mamás que conozco. La primera lección y la más importante es: haz tiempo para sentarte a los pies de Jesús de modo que seas refrescada por su Espíritu. La historia de María y Marta, relatada en el Evangelio de Lucas, es muy profunda. Marta es tal como muchas de nosotras hoy: trabajadora, cuida de todos, y un poquito molesta porque los demás no ayudan. Es más, critica en forma implícita a su hermana María porque no la estaba ayudando, lo que pareciera una crítica justa en el momento. Pero Jesús tiene una respuesta sorprendente para Marta, una que nos puede ayudar a nosotras si tomamos el tiempo para entenderla y ponerla en práctica: «Marta, Marta [...] estás inquieta y preocupada por muchas cosas, pero sólo una es necesaria. María ha escogido la mejor, y nadie se la quitará» (Lucas 10.41–42).

Presta atención a la manera tan tierna en que Jesús le habla a Marta. No está molesto con ella. Él entiende lo que ella está haciendo y por qué lo hace. Es un gran consuelo para nosotros saber que el Señor entiende lo que estamos haciendo y por qué lo hacemos, pero eso no es todo. Él quiere que Marta sea libre por medio de la verdad. La verdad es que Marta está preocupada por cosas que a la larga no tienen mucha importancia. No quiere decir que el servir a otros no sea importante, Jesús mismo dijo que «no vino para ser servido, sino para servir» (Marcos 10.45, RVR1995). El problema de Marta era de prioridades, ella podía haber pasado un lindo tiempo con el Señor y ser refrescada, y hacer sus quehaceres domésticos después, porque nunca faltan los quehaceres domésticos.

María tomó la decisión más sabia. Eligió sentarse a los pies del Señor mientras tenía la oportunidad de hacerlo. Quería aprender de su sabiduría y quería ser refrescada por su Espíritu. Sé que necesito pasar tiempo con Jesús a diario. Nada puede sustituir el tiempo que uno pasa con él. Una nota más referente a esta gran historia: en la cultura judía de esos tiempos, solo los discípulos hombres se podían sentar a los pies del Maestro. Pero María lo hizo de todos modos, algo que sin lugar a duda agradó a Jesús. Tenemos que ser valientes como María y sentarnos a sus pies cada vez que podamos.

Por supuesto que cada mujer disfruta de su tiempo con Cristo en diferentes maneras. A algunas de nosotras nos gusta alabar y adorar al Señor. A otras nos gusta profundizar en la Palabra y le pedimos a nuestro Padre que nos hable por medio de su Espíritu Santo. Otras absorben más cuando están en un grupo pequeño de amigas que se cuidan mutuamente y se reúnen con frecuencia para orar y leer la Palabra. Y hay otras que simplemente les gusta orar y pasar tiempo con el Señor en la belleza de la naturaleza. Ninguna de ellas es mejor o más espiritual que las demás, cada una debe descubrir la manera que sea más valiosa.

LA HISTORIA DE SUSANNA WESLEY: SEPARA TIEMPO A DIARIO PARA ESTAR CON EL SEÑOR

Algo clave para las mamás es poder encontrar tiempo de manera habitual para sentarse a los pies del Señor. Eso no es fácil para ninguna de nosotras, pero es más difícil para las jóvenes. Podemos estudiar la vida de Susanna Wesley, la mamá de John y Charles Wesley, para ver el impacto que puede tener en la vida de nuestros hijos el tiempo que pasamos con Dios. John y Charles Wesley fueron dos de los cristianos más influyentes del siglo dieciocho. John fundó la Iglesia Metodista, fue quien inició uno de los avivamientos más grandes de la historia angloamericana. Charles fue un escritor muy influyente, escribió muchos de los himnos cristianos que cantamos hasta hoy. La mamá de ellos fue una gran influencia en la vida de estos hombres de Dios.

Susanna Wesley fue abandonada en la pobreza por su esposo, que casi nunca estaba en la casa. Tuvo diecinueve hijos, de los cuales diez sobrevivieron hasta llegar a ser adultos, ella los crio, los educó y proveyó para ellos por sí sola, en una cabaña modesta sin las comodidades modernas. Le debe haber sido difícil encontrar tiempo para sentarse a los pies del Señor cada día, pero lo hizo. Y lo hizo de tal manera que les enseñó a sus hijos dos cosas: un profundo respeto por el Señor y la importancia de pasar tiempo con él a diario.

El hábito de Susanna Wesley nos puede servir de mucho en este mundo tan ocupado. Todas las noches, casi a la misma hora, ella tomaba su Biblia, se sentaba en su silla favorita y se cubría con una frazada. Esa era una señal específica de que nadie debía molestarla. Sus hijos mayores sabían que en esos momentos ellos tenían que cuidar de sus hermanos menores sin molestar a mamá porque ella estaba sentada a los pies de Jesús. En esos momentos Susanna adoraba a Dios, leía la Palabra, oraba y meditaba, disfrutaba de su tiempo con el Señor. Sus hijos comentaban que al terminar esos momentos había una chispa en los ojos de su mamá. Ella acreditaba que esos momentos a diario con Jesús le daban la sabiduría, el amor y la fortaleza que necesitaba para criar a sus hijos. También le daban la oportunidad para pedirle al Señor que bendijera a cada uno de sus hijos directamente cada día y que le ayudase con los retos grandes que tenía que enfrentar sola.

No sugiero que tengamos que ser igual que Susanna Wesley, con nuestra Biblia, nuestra silla mecedora y nuestra frazada, pero su ejemplo nos habla a pesar de los años. Y sé que también quiero tener una dosis fresca de la sabiduría y de la fortaleza del Señor, y para ello tengo que estar dispuesta a separar un tiempo. Me obligo a mí misma a apagar los aparatos electrónicos, dejo de responder los correos electrónicos y paso tiempo con Dios. Nos toca, como mamás, dejar de hacer algunos de los quehaceres domésticos o decirle a nuestro jefe que no podemos tomar ese proyecto extra. Esas decisiones no son fáciles y son muy costosas; sin embargo, cuando invitamos a Jesús a conversar con nosotras, nos damos cuenta de que el tiempo es nuestro amigo, no nuestro enemigo.

Las mamás somos personas muy ocupadas, lo sé, pero aun así quiero animarte a que separes un tiempo para sentarte a sus pies cada día. Pídele al Espíritu Santo que te muestre su camino, lee y estudia su Palabra, ella cobrará vida y te guiará. Uno de los aspectos más sobresalientes de la mujer de Proverbios 31 es que: «Cuando habla, lo hace con sabiduría; cuando instruye, lo hace con amor» (v. 26). A medida que críes a tus hijos para que sean sabios y virtuosos, te darás cuenta de que a veces harás mención de las Escrituras cuando los instruyas. Las mamás podemos planear nuestros pasos, pero él guía nuestro camino. Conoceremos la totalidad de la profundidad de esa guía por medio de la Palabra. Las mamás sabias están conectadas a la Palabra por medio del Espíritu, lo que solo sucede con el tiempo.

LAS RELACIONES SON ETERNAS

La segunda lección importante que he aprendido para hacer que el tiempo sea verdaderamente mi aliado es esta: las relaciones son lo más importante. Nuestras relaciones, especialmente con la familia y nuestros amigos más cercanos, durarán hasta la eternidad. No hay nada que tenga la misma duración, ni nuestros títulos, ni nuestro dinero, ni nuestra fama. No nos llevamos nada con nuestras almas inmortales a la eternidad, excepto las relaciones que hayamos formado aquí en la tierra. He aprendido a no ser tacaña con lo que más valoro: mi relación con Dios, con mi familia y con mis amigos.

La mayoría de nosotras ni tiene tiempo aun para lidiar con las bendiciones, y mucho menos con las luchas inevitables con las que toda familia se enfrenta. Ocultamos algunas cosas, no porque no amemos a nuestros hijos o porque seamos ociosas, sino porque no nos queda tiempo para tratar con algo más. Pero dejar que nuestros hijos se valgan por sus propios medios porque estamos muy agobiadas, muy distraídas o muy agotadas no producirá la cosecha que esperamos. Ni tampoco edificará la relación profunda, amorosa y respetuosa que todas nosotras queremos tener con nuestros hijos cuando sean grandes. Es posible que nuestros hijos no desarrollen el sentido de autoestima que necesitan para ser adultos totalmente funcionales y productivos si no pasamos mucho tiempo con ellos cuando son pequeños.

En los primeros años de nuestro matrimonio conocimos a una pareja maravillosa. El esposo estaba muy ocupado esforzándose por conseguir un doctorado, trabajando a tiempo completo, criando a sus hijos con su linda esposa, y fungiendo como entrenador de la liga de menores en su tiempo «libre». Tanto él como su esposa son temerosos de Dios, personas fieles que aman sinceramente al Señor. Lo triste es que sus hijos mayores han tenido problemas personales muy profundos. Sin embargo, sus hijas menores son inteligentes, felices y sirven al Señor, ellas son menores por más de diez años, ¿cuál es la diferencia?

Me parece que esas personas maravillosas estuvieron muy ocupadas en los primeros años de la crianza de sus hijos. Hubo muchas cosas que se pasaron por alto tratando de mantener, a como diese lugar, un itinerario descabellado. Años después, cuando fueron a vivir a un país más conservador, tanto las niñas como los padres tuvieron menos oportunidades de involucrarse en actividades fuera de la casa. Eso quería decir que nuestros amigos tenían que pasar mucho más tiempo con sus hijas, a quienes también les dieron su educación en el hogar. Todo ese tiempo juntos tuvo un impacto positivo en sus hijos. Los mismos padres, la misma entrega al Señor, el mismo amor para cada uno de sus hijos. Pero cuando la hiperactividad de nuestro acaudalado país fue sustituida por una vida más centrada en la familia en una nación relativamente pobre, los chicos sobresalieron. No había liga de menores, ni clases de ballet, pero el fruto era maravilloso.

Este ejemplo ha influenciado nuestras decisiones en nuestra propia casa. Nos dimos cuenta de que todas las actividades en las que queremos participar pueden ser piedras de tropiezo para lograr la familia que queremos tener. Somos muy cuidadosos con nosotros y con nuestros hijos al comprometernos con ciertas actividades. Muchas de ellas son divertidas e interesantes, pero si involucrarnos en ellas va a impactar de manera perjudicial al tiempo que pasamos con nuestros hijos, Gregory y yo optamos por poner a nuestra familia primero. Nos propusimos invertir grandes cantidades de tiempo con nuestros hijos y ha sido la mejor inversión que hemos hecho en nuestras vidas.

Al igual que los tiempos en que te refrescas en el Señor, separar tiempo cada día para pasar con los miembros de tu familia es una fuente de bendición y los refresca a ellos como a ti también. Y al igual que nuestros tiempos a solas con Jesús no suceden por casualidad, tienes que planearlos y colaborar para que se lleven a cabo, cenas familiares juntos o ir a algún lugar divertido el fin de semana, o mirar una película juntos... planéalo y hazlo. No hay mejor dividendo de tu inversión que el tiempo que pasas con tus hijos, tanto ahora como en el futuro.

Asegúrate de planear un tiempo a solas cada día con cada uno de tus hijos, aun si solo les lees una historia antes de acostarse, o si oras con cada uno conforme se vayan despertando; o si los llevas a cada uno a sus actividades deportivas, o si das un paseo corto con cada uno. Cada uno de nuestros hijos necesita una relación personal fuerte con nosotras. La única manera de desarrollar este tipo de relación es pasando tiempo el uno con el otro, tanto con toda la familia como con cada uno. A raíz de su relación personal contigo, tus hijos desarrollarán un fuerte sentido de autoestima y autoconfianza (se dirán a sí mismos: *Soy digno de recibir amor porque soy amado).* Así mismo, les permitirá poder confiar en otros y desarrollar amistades que duren por toda una vida, que es la tercera forma de hacer que el tiempo sea nuestro aliado.

SEPARAR TIEMPO PARA LAS AMISTADES DE TODA UNA VIDA

En la actualidad, ¿cuántos tenemos amigos de toda una vida? Las investigaciones revelan que el número de hombres estadounidenses que dicen que no tienen amigos ha aumentado dramáticamente en los últimos treinta años.[2] Todos sabemos que por lo general es más difícil que los hombres desarrollen amistades profundas, pero algo similar está pasando con las mujeres. Y es fácil ver nuevamente que una de las causas es la dinámica social negativa, el exceso de ocupación.

Todos necesitamos tener algunos amigos de verdad. Dios nos hizo para ser sociales, pero la alta presión de este mundo súper tecnológico nos permite sustituir los conocidos del Facebook por las amistades. Los conocidos electrónicos van y vienen sin que tengamos que invertir mucho tiempo y sin que haya un verdadero compromiso de ninguna de las dos partes. Por otro lado, aunque las verdaderas amistades tomen tiempo, son una fuente tremenda de gozo, comodidad y estabilidad en nuestro mundo inestable.

Así que, ¿cómo hacemos que el tiempo sea nuestro amigo al edificar amistades que duren toda una vida? Para algunas personas, como mi esposo, eso es algo tan natural como respirar, mientras que para otros es todo lo opuesto. Pero al forjar amistades verdaderas que duren toda una vida, la clave para todos es invertir tiempo de la forma correcta con las personas que Dios ha puesto en nuestras vidas.

Pasar tiempo con otras mamás que aman a Jesús es una inversión sabia. Pasar tiempo con mujeres mayores que puedan proveer consejo sabio y el ánimo que necesitamos puede ser una gran inversión de tiempo. Si eres una mamá con experiencia, considera servir de mentora a algunas mamás jóvenes, asesorar mamás jóvenes es una parte importante de nuestro ministerio y una inversión bella que da vida a sus vidas.

Es muy raro que una amistad que dure toda una vida se elija desde el comienzo. Las amistades tienden a desarrollarse con el transcurso del tiempo, basadas en valores, pasiones y compromisos en común. Pero el ingrediente clave para una relación que dure toda una vida es pasar juntos tiempo valioso. Haz que el tiempo sea tu amigo al invertir tu tiempo de amistad con otras mujeres que comparten tus valores, pasiones y compromisos. Asegúrate de profundizar la amistad, no te quedes en la superficie. Tomás de Aquino escribió: «No hay nada en este mundo que se deba apreciar más que la verdadera amistad».

Jesús era un carpintero de poca significancia que nació en medio de la nada. Él nunca se agobió, nunca estuvo apurado, pero ministró a miles. Le dio tiempo a aquellas relaciones que tenían importancia.

Amaba profundamente a su Padre celestial, a su familia y a sus amigos. Con ellos invirtió su vida. A través de esas relaciones cambió al mundo. La vida de Jesús es un ejemplo para nosotros. Cuando cedemos a la tiranía de lo trivial no cumplimos su voluntad. Yo quiero ser como María, quiero que Jesús sea el amigo que me hable al corazón; quiero encontrarme a los pies de Jesús.

Medita en lo siguiente

La Palabra de Dios

El que beba del agua que yo le daré, no volverá a tener sed jamás, sino que dentro de él esa agua se convertirá en un manantial del que brotará vida eterna. (Juan 4.14)

Marta, Marta [...] estás inquieta y preocupada por muchas cosas, pero sólo una es necesaria. María ha escogido la mejor, y nadie se la quitará. (Lucas 10.41–42)

Porque tuyo es el reino, el poder, y la gloria, por todos los siglos. (Mateo 6.13, RVC)

Palabras de los autores

«[Nuestro Padre celestial] quiere ayudarnos a que hagamos que el tiempo sea nuestro aliado en cada área de nuestras vidas».

Evalúa

1. En tu propia vida, ¿a dónde puedes ir o qué puedes hacer para hallar tiempo a fin de tomar del agua de vida de Dios? Sé lo más práctica que puedas.
2. ¿Por qué es tan importante para tus hijos tiempo a solas con cada uno? ¿Qué puedes hacer para incorporar más de este tiempo al estilo de vida de tu familia?

3. Piensa en algo bueno, uno por lo menos, que te mantiene tan ocupada que te impide tener tiempo para construir relaciones. ¿Cómo puedes salir de esa trampa?

4. ¿De qué manera podemos ver al tiempo como nuestro amigo cuando el reloj parece ser nuestro enemigo? ¿Qué pasos específicos puedes dar para hacer que el tiempo sea tu amigo?

5. ¿Pasas tiempo de calidad casi todos los días con tu Padre celestial, con tu cónyuge, con tus hijos? Si la respuesta es no, ¿por qué? ¿Qué puedes hacer para establecer esos patrones positivos que son generadores de vida?

Resumen

Hay tanto que hacer y tan poco tiempo para hacerlo. En nuestra sociedad, mayormente vemos al tiempo como nuestro enemigo. Dios, sin embargo, lo creó y lo controla. Dejar de lado el estrés del tiempo es liberador y cambia la vida. Como dice un amigo: un día de su favor es mejor que un año de labor.

Once

Una palabra de sabiduría para las mamás solteras: hay esperanza

Las estadísticas son sorprendentes: el año pasado doce millones de familias estuvieron encabezadas por un solo progenitor, la mayoría de ellos eran mamás. En este mundo industrializado, casi dieciséis por ciento de los chicos viven en familias monoparentales.[1] No creo que la mayoría de las mujeres sueñen con ser la cabeza de sus familias, sin embargo esa realidad ha tocado a nuestra generación con fuerza. Aunque hay una fortaleza innata cuando tenemos un compañero, sabemos que Dios puede ministrar su gracia y sabiduría a las mamás solteras. Estoy muy agradecida a varias amigas que son mamás solteras que han ayudado a crear este capítulo, ya que nunca he tenido la experiencia de ser mamá soltera. Oramos y esperamos que este capítulo sirva de ánimo y fortaleza para las mamás solteras.

LA HISTORIA DE LYDIA

La primera historia real que quisiera relatar es desde el punto de vista de una mujer que fue criada por una mamá soltera en los años 1960. Lydia fue criada en una familia sin papá. Nunca llegó a conocerlo, su mamá era una mujer fiel que inculcó en sus hijos una buena ética laboral, patriotismo y algo importante: la fe. Lydia creció en un hogar con poco dinero, lo cual le fue de mucho beneficio pues ese hecho sirvió como preparación importante para el trabajo que ella haría en su vida: ser misionera. Desde pequeña aprendió a no poner a las posesiones materiales en un nivel alto de prioridad. Era rara la ocasión cuando su familia compraba ropa o zapatos nuevos. Su mamá nunca tenía lo suficiente, pero amaba a sus hijos y hacía lo que estaba al alcance de sus manos para mantenerlos. Lo cierto es que lo que los chicos más quieren es una familia amorosa y dadivosa, aunque no tengan muchas posesiones materiales, que tener todo y vivir en una familia en la que no hay amor.

Había momentos en que a la mamá de Lydia le era dificultoso proveer para las necesidades del hogar, pero tenían la bendición de contar con abuelos maternos que los ayudaban y de vivir en una comunidad pequeña en Texas donde había vecinos solidarios. La mamá de Lydia trabajaba en una pequeña tienda de la comunidad. Lydia y sus hermanos comenzaron a trabajar desde muy pequeños repartiendo periódicos, podando jardines y cuidando niños, para ayudar con la economía de la familia.

Lydia nunca supo el motivo por el cual sus padres se separaron, pero el hecho de que su mamá se abstuviera de criticar a su padre ausente fue algo que siempre ha apreciado. Su mamá nunca hizo que los problemas que ella tenía con su padre fuesen de Lydia también. Ella sabe que fue una gran bendición tener a su abuelo paterno en su vida diaria, pues él fue un gran ejemplo. Lydia nunca escuchó a sus abuelos maternos decir nada negativo con respecto a su padre tampoco. Cuando llegó a la edad en que podía hacer preguntas, tanto su mamá como sus abuelos le hablaron con la verdad pero con mucha discreción en cuanto a los pormenores. Esa actitud le ayudó mucho a poder tratar con la verdad sin sentirse sola o abandonada. Tanto Lydia como sus hermanos entraron en el ministerio cristiano y tienen hogares saludables y prósperos. Ella siente que lo fundamental de su historia es el perdón que fluía en la familia; el ejemplo de perdón que su mamá les mostró ha ayudado a derrotar lo que fácilmente podría haber llegado a ser una maldición generacional: el divorcio.

La historia de Tracy

Los padres de Tracy se casaron cuando tenían treinta años más o menos, después de haber establecido sus vidas y sus carreras profesionales. Estaban muy resentidos con las restricciones que les ocasionó el matrimonio. Cuando Tracy tenía cinco años de edad, sus padres no podían mantener una conversación sin que terminase en un gran pleito. Cuando tenía diez años preferían no hablarse. Finalmente, cuando Tracy estuvo en la escuela secundaria, sus padres decidieron divorciarse. Durante los feriados y las vacaciones, Tracy y su hermano tenían que valerse por sí solos ya que sus padres habían encontrado otras parejas y estaban tras otras cosas. Su enfoque era satisfacerse a sí mismos, que es lo que la cultura de hoy nos insta a hacer.

Le fue difícil a Tracy encontrar un trabajo después de graduarse de la universidad. No tenía mentor y sus padres estaban muy ocupados para ayudarla. Su hermano se metió en drogas duras y ahora está en una institución. Tracy aceptó a Cristo en su corazón, pero las heridas que llevó consigo a su primer matrimonio hicieron que ignorase los problemas que tenía con su esposo y luego abandonase su hogar cuando las cosas se pusieron difíciles. Hoy piensa que hubiera podido cambiar el rumbo de su primer matrimonio si hubiese sabido cómo hacerlo. Su primer esposo era un hombre decente que también provenía de un hogar divorciado.

No hubo abuso en el matrimonio ni adulterio, y Tracy lamenta no haber podido establecer una relación saludable y funcional con él a causa de su inestabilidad.

En la actualidad, Tracy está en proceso de divorciarse de su segundo esposo. Él no tiene faltas graves tampoco, solo que ella se ha dado cuenta de que el compromiso diario que es necesario en un matrimonio es mucho más de lo que ella pueda dar, o «siente» que es así. Sus padres cedieron a sus sentimientos y al hacerlo han destinado a su hija a que repita los errores que ellos cometieron. La tragedia familiar más grande es cuando los padres erróneamente viven sin tomar en cuenta lo que es más importante para sus hijos. En la mayoría de esos casos todos salen perdiendo.

La historia de Joan

Joan nunca se imaginó que sería una mamá divorciada y sola. Debido a su estricta crianza china siempre se había esforzado por rendir más de lo que se esperaba de ella, y estaba acostumbrada a tener éxito en las metas que se establecía para sí misma. Obtuvo un título de la Universidad de Stanford y luego una maestría en administración de empresas en la Universidad de California, en Berkeley. Sin embargo, sus antecedentes y todos sus logros no la prepararon para la maternidad. Nada la preparó para el momento en que su esposo le dijese que ya no la amaba y que quería el divorcio. Cuando se vio en la posición de mamá soltera a causa del divorcio se sintió destrozada. Ha sido una travesía larga y difícil por medio de la cual ha aprendido mucho acerca de lo que es la maternidad, los sueños rotos y la inmensa gracia de Dios.

Durante su embarazo, Joan se había imaginado criando a su niña en una familia con dos padres amorosos y ella en el rol de mamá y esposa, pero en el lapso de treinta segundos esa imagen se hizo añicos. Ted se fue de la casa cuando Abby tenía seis meses de nacida. Los procedimientos legales tomaron mucho tiempo, por lo que durante los tres años siguientes ella y Ted recibieron consejería con la finalidad de conciliar sus diferencias, pero no dio resultado. El divorcio se finalizó cuando Abby tenía cuatro años de edad.

La situación financiera de Joan era muy buena. La mayoría de las mamás solteras tienen que ingeniarse cómo hacer con dos asuntos muy estresantes: el cuidado de los niños y la falta de recursos económicos. Ella estaba sumamente agradecida por poder contratar una niñera que le ayudase a cuidar de Abby, una persona maravillosa y un gran consuelo para Joan durante el tiempo tan doloroso de la separación y el divorcio. Joan aprendió con la niñera cómo cuidar de su niña cuando era bebé y durante sus primeros años, cosa que no le fue fácil. Era una batalla para ella cuidar de Abby y atender sus necesidades, especialmente porque estaba luchando por mantenerse a flote emocionalmente.

EL PERDÓN: UN REQUISITO URGENTE

Las emociones de Joan iban de un extremo a otro: temor de que no iba a poder cuidar de su hija y resentimiento con Ted por abandonarla y querer salir con otras mujeres. Ella estaba consciente de que las expresiones de amargura hacia Ted en presencia de Abby eran dañinas para la niña. Pero a veces no podía controlar sus emociones cuando interactuaba con él. Se dice que albergar resentimiento es como tomar veneno y esperar que sea la otra persona quien se muera. Aunque Joan sabía que era llamada a perdonar, le era difícil llegar al punto de perdonar a su exesposo. Ella trató con todas sus fuerzas, oró, confesó su pecado de falta de perdón a sus mentores espirituales, pero aun así no podía perdonarlo del todo. Tuvo que profundizar en su fe más que nunca, ya que su dolor se interponía entre ella y la ayuda que el Padre celestial pudiese darle para hacerlo.

El clamor profundo del corazón de Joan era tener el poder para perdonar y Dios lo honró. El Señor puede usar diferentes formas de ayudarnos a llegar a donde tenemos que llegar emocionalmente. La ayuda a Joan llegó por medio de una película que ella vio que se llama *La pasión de Cristo*. Esa película representa la historia de la muerte de Jesús en la cruz para pagar el precio por nuestros pecados. Él no había hecho nada malo, sin embargo aun sus amigos más íntimos lo abandonaron. Él no merecía ninguno de los maltratos horrendos que recibió. Mientras colgaba moribundo en la cruz, en lugar de odiar o maldecir a aquellos que lo habían maltratado tanto, Jesús los bendijo y los perdonó: «Padre, perdónalos, porque no saben lo que hacen» (Lucas 23.34, RVR1995).

Las acciones y las palabras de Jesús conmovieron profundamente a Joan: ¿quién era ella para no perdonar a Ted si Jesús había sufrido una muerte horrenda para perdonarla a ella de sus errores y pecados? Jesús, de manera específica, le pidió que hiciera lo mismo en la oración del Padre Nuestro:

> Y perdónanos nuestras deudas, como también nosotros hemos perdonado a nuestros deudores. (Mateo 6.12, LBLA)

En ese momento ella se postró delante del Señor interiormente y decidió perdonar a Ted. Sintió una profunda liberación, una nueva victoria había sucedido, un perdón duradero nació en ella.

El perdón es una decisión, es una decisión basada en dejar de lado nuestros derechos, dejar de lado el deseo de mostrarle a la otra persona lo mal que ha hecho, él o ella, y abandonar el deseo de que la otra persona pague por sus acciones. A través del regalo divino del perdón de sus propios pecados, y por la gracia y el poder de Dios, finalmente pudo perdonar a Ted. Ella pudo sentir que una carga pesada había sido quitada de sus hombros, y la amargura y la ira que dominaban su interacción con él fueron eliminadas. Deshacerse de la amargura y la ira le dio la libertad para poder ser una mamá más amorosa y compasiva con Abby.

El perdón es un proceso constante. Es muy fácil recordar los errores de la otra persona y caer nuevamente en la amargura. También es muy fácil volver a molestarse y dejar que la amargura cree raíces cuando surgen nuevos problemas y desacuerdos. Jesús nos enseña que el perdón es un proceso que dura toda la vida (Mateo 18.22), porque él sabía que siempre surgirían nuevas tentaciones y dificultades. Pero él nos da el poder para perdonar una vez tras otra, para deshacernos del veneno del resentimiento y para reemplazarlo con su Espíritu que da vida.

Conocemos a otros amigos que han decidido no perdonar. El impacto de esa decisión en sus hijos y en sus relaciones con otras personas, ha sido devastador. No subestimes el poder que tiene el resentimiento para envenenar tu corazón y todo aquello que es preciado para ti. No te tragues ese veneno.

CÓMO SUPERAR LAS DIFERENCIAS EN NUESTROS MÉTODOS DE CRIANZA

Hubo momentos en los que Joan hubiera querido ser la única que criaba a Abby, que ya era una adolescente. Ted y ella tenían la custodia compartida, de modo que él pasaba bastante tiempo con su hija. Sin embargo, la forma de crianza de ambos era muy diferente y a Joan le molestaban las influencias negativas que ella pensaba que Ted permitía tan fácilmente (programas de televisión espeluznantes, música con letra inapropiada, actitudes y tonos de voz irrespetuosos, etc., etc.). La mayoría de los padres tienen problemas debido a la diferencia de opiniones en cuanto a distintas áreas de la crianza, pero el divorcio hace que esas diferencias se agranden y conforme pasan los años hay menos cosas en común. Por muchos años, Ted y Joan no se podían poner de acuerdo en cuanto a ciertos aspectos de la crianza: el establecimiento de límites, la disciplina y la influencia de los medios de comunicación, todos estos eran una fuente de conflicto. Así que cada uno criaba a Abby de acuerdo a sus propios valores y estándares. Joan sentía que toda su efectividad como progenitora era saboteada constantemente porque cuando progresaba en ciertas áreas con Abby a Ted no le importaba o no estaba de acuerdo con ellas, de modo que la joven adolescente retrocedía cada vez que pasaba tiempo con su padre.

LA CONSEJERÍA Y LA NECESIDAD DE COMUNIDAD Y DE MENTORES

Cuando Joan se acuerda de los primeros años de crianza compartida, se alegra de que ella y Ted pudieron ponerse de acuerdo en una medida: buscar la ayuda de un consejero y terapista matrimonial y familiar. Con el conocimiento de que hay muchos consejeros que no son buenos, se tomaron el tiempo para buscar uno bueno, y asistieron a todas las reuniones para poder hablar de sus diferencias en sus métodos de crianza. Su consejero tuvo un rol positivo al ayudar a Joan y a Ted para que pudiesen entender el punto de vista del otro. También decidieron poner las necesidades de Abby ante todo en sus conversaciones. Después de catorce años de crianza compartida han llegado al punto en que verdaderamente pueden escuchar y respetar el punto de vista del otro. Pueden hablar de cuál es la estrategia y de las medidas de crianza teniendo en cuenta qué es lo mejor para Abby. Esto ha sido clave para una crianza exitosa en medio de una situación estresante.

Siendo una mujer divorciada, Joan se dio cuenta de que la crianza con un solo progenitor puede ser muy dolorosa y solitaria, ya que uno no tiene el apoyo moral y emocional de un cónyuge. Sin embargo, una de las bendiciones más grandes por la cual está muy agradecida es la comunidad de amigas, mamás y miembros de la iglesia que le han dado su apoyo. Ella se propuso buscar la ayuda de otras mamás, lo cual la ha consolado y le ha dado el apoyo que necesitaba en los momentos difíciles.

Cuando Abby tenía año y medio de edad, Joan encontró una clase en una iglesia cerca de su casa que se llama «Mi mamá y yo», y comenzó a reunirse habitualmente con otras mamás y sus hijos. Así que se hizo amiga de una de ellas, Helen. Ella y Joan compartían sus inquietudes como mamás, se apoyaban mutuamente en momentos difíciles, y sus hijas se hicieron buenas amigas. También se afilió a otro grupo de mamás que tenían hijos de la edad de Abby, y esas amistades han sido otra fuente de ánimo, sabiduría y consuelo. Una de esas mamás, Sarah, tiene un hijo de la edad de Abby y dos hijas mayores, y era líder en la iglesia y en la comunidad. Su fortaleza calmada, su cuidado amoroso y su consejo sabio han sido una gran bendición y una fuente de consuelo. Es más, Sarah se convirtió en una hermana mayor para Joan. Por medio de esas amistades Joan aprendió que no hay nada que sustituya a las oraciones fieles, las amistades verdaderas y al consejo sabio en su vida como mamá.

Joan siempre buscó el consejo sabio de padres de hijos pequeños y jóvenes adultos que mostraban un carácter moral extraordinario. Somos padres en tiempos muy difíciles, tiempos en los cuales la influencia cultural y la de los medios de comunicación sobre los niños, adolescentes y jóvenes adultos es muy poderosa y, por lo general, destructiva. Los índices de suicidio entre los adolescentes, el consumo de drogas y alcohol, los embarazos entre las adolescentes, las enfermedades transmitidas sexualmente, la ansiedad y la depresión, se han multiplicado en las dos últimas décadas. Las actitudes y los valores que ella observa en muchos adolescentes y jóvenes adultos son actitudes y valores que ella no quiere que su hija adopte. Joan observó cuidadosamente a los compañeros de la escuela de Abby y en las otras actividades, y buscó el consejo y la sabiduría de otras mamás de chicos que mostraban un carácter extraordinario.

Ella descubrió que esas mamás siempre se alegraban por poder compartir su sabiduría y su ánimo. El solo hecho de que eran sinceras al compartir con ella sus luchas y dificultades fue una ayuda extraordinaria.

Halló consuelo al saber que no era la única que se estaba enfrentando a esas dificultades de la crianza. Le hizo sentir muy bien el saber que aun los padres de los chicos más ejemplares tenían dificultad al criar a sus niños, adolescentes y jóvenes adultos. Este concepto la sorprendió, ya que ella fue criada bajo el método de crianza chino tradicional, en el que los padres y sus hijos no comparten francamente sus retos en la crianza. Así mismo, poder entender que aun las mamás más sabias y con más experiencia tienen dificultades reales fue de gran consuelo y ayuda para ella.

El aprendizaje de nuevos métodos de crianza

Con el correr de los años Joan leyó muchos libros buenos y artículos relacionados con la crianza de los hijos, y asistió a clases y conferencias sobre este tema. La verdad es que le ha sido muy difícil poner en práctica muchas de esas enseñanzas. Algunas de esas técnicas y estrategias fueron de gran ayuda, pero se dio cuenta de que tenía una tendencia fuerte de crianza que era el resultado de un modo predeterminado que estaba arraigado en ella, que provenía de la forma en la cual había sido criada. Sintió que tenía que hacer algunos cambios muy dentro de sí misma para ser una buena mamá para Abby, y le pidió a Dios que la ayudase. En otra clase de estrategias y técnicas de crianza, Joan se dio cuenta que el ser padres no es una «labor» (y ella lo había tratado como tal), sino que es una travesía en la que aprendemos y crecemos junto con nuestros hijos. Esa revelación la ayudó a ver otras áreas en las cuales necesitaba crecer con la ayuda de Dios, para poder ser una mejor mamá para Abby.

Específicamente tuvo que abandonar el uso del temor, la intimidación, la ira y el control para lograr que Abby hiciera lo que Joan pensaba que estaba bien. Se dio cuenta de que no se logra un cambio duradero por medio de esas tácticas. Si no ponemos como fundamento el entrenamiento basado en la oración, lo único que vamos a lograr es meternos en etapas de disciplina que no dan ningún fruto. Joan comenzó a pedirle a Dios por áreas específicas en las cuales necesitaba disciplinar a Abby, y descubrió que Dios le daba la sabiduría para saber cómo acercarse a su hija y tratar con un comportamiento o necesidad específica, y que Abby recibía mejor su disciplina y enseñanza.

COMO HACER PARA QUE TU EXESPOSO SE INVOLUCRE

No cabe la menor duda de que este es uno de los retos más grandes para las mamás solteras. Hoy, el exesposo de Joan es un padre que está muy involucrado en la vida de su hija, pero muchos no lo están. Ella se dio cuenta desde un inicio que la crítica constante y las quejas tenían un efecto totalmente opuesto a lo que ella quería lograr. Lo más interesante es que cuando ella encontraba oportunidad para elogiarlo y agradecerle por lo que hacía como padre, él respondía de manera positiva. Joan le compró a Ted una copia del libro *Be a Better Dad Today* [Sé un mejor papá hoy], que tiene un capítulo entero dedicado a padres divorciados y les urge que tomen en serio sus responsabilidades paternales.[2]

La mayoría de los hombres son más sensibles de lo que uno se imagina. Por lo general, la crítica, la condenación y el juicio no son herramientas efectivas cuando las mamás solteras quieren animar a sus exesposos a que estén presentes en la vida de sus hijos. En lugar de ello por qué no pruebas con el elogio, el agradecimiento y una buena dosis de ánimo de hombre a hombre por parte de otros padres comprometidos. Joan descubrió que este método daba mejores resultados que la negatividad.

La travesía de Joan como mamá soltera y divorciada aún está llena de desafíos, dolor, crecimiento personal y esperanza. Cada día trae consigo una oportunidad para poner en práctica la sabiduría que está aprendiendo. Es un gozo para ella ver que Abby está aprendiendo que tiene un Padre en los cielos y que el Dios Todopoderoso cuida de ella. La travesía de Joan como mamá soltera no ha llegado a su fin, pero ella ha dado saltos muy grandes. Su hija ha sido una beneficiaria directa, y tiene más paz y gozo en su vida. Todo por la gracia de Dios.

Medita en lo siguiente

La Palabra de Dios

Padre, perdónalos, porque no saben lo que hacen. (Lucas 23.34, RVR1995)

Si a alguno de ustedes le falta sabiduría, pídasela a Dios, y él se la dará, pues Dios da a todos generosamente sin menospreciar a nadie. (Santiago 1.5)

En él también ustedes, cuando oyeron el mensaje de la verdad, el evangelio que les trajo la salvación, y lo creyeron, fueron marcados con el sello que es el Espíritu Santo prometido. Éste garantiza nuestra herencia hasta que llegue la redención final del pueblo adquirido por Dios, para alabanza de su gloria. (Efesios 1.13–14)

Palabras de los autores

«Albergar resentimiento es como tomar veneno y esperar que sea la otra persona quien se muera».

Evalúa

1. ¿Por qué es mortal el aferrarse al resentimiento? ¿Tienes este problema?

2. ¿En qué casos es mejor buscar la ayuda de un consejero familiar profesional en lugar de pedir la ayuda, consejo y apoyo de tus amigos y tu iglesia? ¿Cuáles son las ventajas de cada uno?

3. ¿Estás buscando la ayuda que necesitas y mereces como mamá soltera?

4. ¿Ves a la crianza de los hijos como una labor o una jornada? ¿O quizás la vez como otra cosa? ¿Por qué?

5. ¿Cómo te relacionas con tu exesposo? ¿Usas la crítica y el juicio? De ser así, ¿cuál es el resultado? ¿Qué debes hacer si tu esposo es abusivo? ¿Y si él no está presente? ¿Tienes el apoyo que necesitas?

Resumen

Cuando uno se convierte en mamá soltera no cambia el deseo materno de ser una buena mamá que cría bien a sus hijos. La sabiduría y la gracia de Dios harán que la carga de los sueños rotos sea más ligera.

Doce

Mamás que trabajan fuera del hogar: la excelencia, no el éxito

En un mundo en el cual las mamás que trabajan fuera del hogar es lo común, millones de mujeres están tratando de encontrar un equilibrio entre el trabajo y la vida. Muchas buscan algo o alguien que les dé la solución milagrosa para esa tarea que es sumamente difícil. Hay consejos que van desde la directora operativa de Facebook Sheryl Sandberg, defensora de la idea de que las mujeres deben esforzarse más en sus carreras profesionales,[1] hasta un artículo en el Washington Post que en forma sarcástica sugiere que las mujeres deben «pausar» y tener una vida menos agresiva, con menos demandas y más creativa.[2] ¡Deberías leer los comentarios de este debate!

Siendo mamá, he trabajado desde y fuera de mi casa. He consultado con mamás muy buenas con experiencia en ambos campos a fin de hallar ayuda para poder entender este tema lo mejor posible. Al igual que muchas mamás, estoy en busca de las respuestas a las constantes preguntas de cómo y dónde debo trabajar, y cómo puedo ser una buena mamá al mismo tiempo. Después de haberme esforzado por más de veinticinco años de lucha con esas preguntas, quisiera poder decir: «He aquí, diez métodos garantizados para ser una mamá trabajadora que triunfa». Desafortunadamente, no hay respuestas fáciles ni rápidas para este tema. Lo que sí puedo decirte son algunas cosas básicas que algunas amigas y yo hemos aprendido a lo largo del camino, a veces a la fuerza. Esas lecciones me han ayudado a mí, como a otras, a encontrar un equilibrio entre el trabajo y la familia, al menos por una temporada. Espero y le ruego a Dios que te sean de ayuda también.

Algo que es de suma importancia, y que debes estar dispuesta a hacer, es formularte preguntas difíciles y contestarlas con sinceridad. También es crucial que junto con tu esposo lleguen a un acuerdo en estas áreas. Sea que ambos padres trabajen fuera del hogar o no, la clave para que su acuerdo sea exitoso es que apliquen juntos un plan unido, flexible y con propósito.

¿TRABAJAR O NO TRABAJAR?

Esta es la primera pregunta con la que muchas mamás luchan: «¿Debo trabajar fuera del hogar?». Pueda que en un momento dado en tu matrimonio y en tu familia tengas que enfrentarte con esta pregunta, quizás cuando pienses con quién te vas a casar, cuando salgas embarazada de tu primer bebé, cuando estés considerando la posibilidad de volver a trabajar después de haber estado en tu casa a tiempo completo con tus hijos por un periodo. Algunas mujeres no pueden darse el lujo de hacerse estas preguntas porque trabajar fuera de casa es su única alternativa. Si esa es tu situación, que nuestro Padre celestial te bendiga ricamente en lo que hagas. Espero que las ideas que voy a sugerirte a continuación te ayuden a establecer un equilibrio entre el trabajo y la vida, así como también una familia amorosa y feliz.

Esta sección no les dará una respuesta definitiva a aquellas mamás que no tienen que elegir entre trabajar fuera de casa o no. Más bien hay algunas cuestiones clave para ti y para tu esposo. Orar y responderlas con sinceridad y siendo realistas les ayudarán a que ustedes mismos descubran cuál es el camino que se ajuste mejor a sus circunstancias.

LAS PREGUNTAS GRANDES

Primero, he aquí una pregunta que debes hacerte en relación al cuadro en general: *¿qué es lo que hará posible que nuestra familia cumpla nuestra visión familiar en común?* En otras palabras, teniendo en cuenta dónde queremos que esté nuestra familia de aquí a diez, veinte o treinta años (basado en la visión familiar en común que desarrollamos en el capítulo 3), ¿cuál es la decisión que nos ayudará más a cumplir esa visión? Una vez que hayan establecido una visión familiar, úsenla como marco de referencia para que les ayude a tomar decisiones importantes como esta.

Preguntarse ustedes mismos: «¿Qué camino nos ayudará a cumplir mejor nuestra visión familiar a largo plazo?» es muy diferente a lo que se preguntan la mayoría de las mamás. Cuestiones como: «¿Quiero trabajar fuera de casa?», «¿Estoy desperdiciando mi título universitario si no trabajo fuera de casa?», «¿Podemos darnos el lujo de que yo me quede en casa a tiempo completo?» no es la mejor forma de tratar con una decisión tan importante. La pregunta correcta trata con la decisión y tiene en cuenta las metas que toda la familia comparte en común, las preguntas erróneas se enfocan en el yo o neciamente ponen una consideración por encima de las demás. La manera en que decides si aceptas un trabajo fuera de casa será el reflejo de lo que tú más ames y valores: ¿son tus deseos y tus planes o tu familia como un equipo, una unidad? La Biblia dice: «Cada uno cosecha lo que siembra» (Gálatas 6.7). Si siembras egoísmo, cosecharás conflicto, que es lo que viene con una familia egoísta. Así que debemos comenzar haciendo las preguntas que pongan a nuestra familia, y la visión en común que tenemos para el futuro de ella, en una posición de prioridad.

¿ESTAMOS DE ACUERDO MI ESPOSO Y YO?

Nada sería más desastroso que tomar una decisión de esta magnitud si tu esposo y tú no están de acuerdo, especialmente porque la decisión que tomes acerca de trabajar fuera del hogar tendrá consecuencias grandes y amplias que lo afectarán a él. Afectará cuánta flexibilidad va a necesitar en sus horas de trabajo, sus viajes y la carrera profesional que elija. Ello que a su vez tendrá un impacto en cómo se desarrolle esa carrera. Si no enfrentas directamente la realidad de lo que tu situación laboral implica para tu esposo, o si él no está de acuerdo con llevar esas cargas, lo que sucederá es que él va a ignorar lo que tiene que hacer, o llevará esas cargas con amargura y resentimiento, lo que dará como resultado un ambiente tóxico en tu matrimonio.

Muchas veces los planes que uno tiene para trabajar fuera de casa traen como resultado estrés, caos y matrimonios rotos, ya que faltó la base sólida que constituye el acuerdo y el compromiso de ambos cónyuges. El apoyo de tu esposo es algo que te puede aliviar bastante del estrés y las presiones del trabajo. Pero no será así a menos que hablen de antemano y se pongan de acuerdo en llevar la carga juntos, sea cual sea la decisión que hayan tomado.

Entonces, si necesitas esforzarte y trabajar horas extras en tu trabajo, por un periodo de tiempo, tu esposo (siendo optimistas) te ayudará con tus quehaceres y te dará ánimo,. Cuando te sientas tan abrumada que desees decir: «Ya no puedo más», tu esposo te afirmará su amor y te dirá: «Está bien si quieres renunciar», lo que te daría la libertad para seguir adelante si eso es lo que quieres hacer. Para remar juntos necesitan ambos remos; no trates de hacerlo sola.

REVISA TUS SUPOSICIONES... ¿SON VÁLIDAS?

Son muchas las mamás que al momento de tomar decisiones lo hacen basadas en suposiciones arraigadas en ellas, la mayoría de las cuales no son válidas. Cada una de nosotras ha sido presionada por nuestras mamás, nuestras familias y nuestros amigos a aceptar ciertas suposiciones, en vez de decidir por nosotras mismas si estas suposiciones importantes son válidas o no. Algunos piensan que deberíamos lograr una carrera profesional como lo hubiéramos hecho antes de casarnos y tener hijos. Otros suponen que una vez que tengamos familia nos vamos a quedar en la casa con los chicos, y no hay vuelta que darle al asunto. No aceptes simplemente lo que otros suponen. Esta es una oportunidad maravillosa para crear de manera proactiva la vida familiar que tanto tú como tu esposo piensan que será la mejor para toda tu familia.

Si supones que debes trabajar, toma un poco de tiempo para pensar en los beneficios (y no solo en el costo) de dedicarles tus dones y talentos directamente a tus hijos. ¿Qué es lo que ves y admiras en las familias en las que las mamás están en casa todo el tiempo, y que tú quisieras ver en la tuya? ¿En qué cambiaría tu relación con tus hijos si te quedas en casa? Vuelvo a mencionar que debes pensar cuidadosamente en tus suposiciones, y que debes asegurarte que son válidas para tu familia en esta etapa.

Si tu suposición es que debes quedarte en casa, toma tiempo para pensar bien cuál es la razón de ello. Hoy las mujeres tienen una gama extensa de creencias que han surgido en referencia al trabajo, desde la más tradicional (los hombres trabajan y las mujeres se quedan en la casa); hasta el feminismo anticuado (las mujeres *deben* hacer exactamente lo que un hombre puede hacer); hasta el feminismo moderno (el cual retorna a las suposiciones tradicionales). Ten cuidado y no te quedes en tus propias opiniones. Toma una decisión sabia que sea correcta para ti y para tu situación familiar.

¿Cuál es la decisión correcta para esta etapa de nuestras vidas?

¿Cuál es la decisión correcta para nosotras *hoy*? A veces cuando pensamos en estas preguntas pasamos por alto un hecho importante: la vida no es estática. Tu infante tendrá que ir a la escuela algún día, y tus necesidades para el cuidado de tus hijos serán diferentes; el ingreso económico de tu esposo puede subir, o puede perder su trabajo; puede que haya una gran demanda de tus habilidades o puede que se vuelvan obsoletas.

La única constante tanto en nuestros hogares como en el mercado laboral es el cambio. Así que, para bien o para mal, la decisión que tomes hoy no es permanente. Solo tiene que ser la correcta para esta etapa. Esta realidad es una fuente de libertad y consuelo cuando mires a tu situación y tomes una decisión, sin sentirte atrapada. ¿No es factible que trates de lograr una carrera profesional en estos momentos? Quizás no lo sea por unos cuantos años, ¡así que disfruta el tiempo que tienes con tus hijos hoy! ¿Tienes que trabajar cuando preferirías estar en casa con tus hijos? Ese día puede llegar cuando menos lo pienses. Así que sé fiel con tu trabajo y tu familia lo mejor que puedas ahora. No nos aferremos a nuestras decisiones, pero mantengámonos en oración, pidiéndole a nuestro Padre celestial que nos dé de su gran sabiduría y que nos guíe. El cambio es constante, pero también lo son la inteligencia y el amor de Dios.

PEQUEÑAS PREGUNTAS IMPORTANTES

Una vez que hayas tratado con las preguntas del cuadro grande, puedes hacer otras esenciales acerca de los detalles que te ayudarán tanto a ti como a tu esposo para que sepan lo que tienen que hacer hoy teniendo en cuenta lo que ustedes son, cómo es su familia y cuál es su situación específica. La clave para tomar una buena decisión es ser totalmente realista y sincera contigo misma y con tu esposo. Las siguientes son algunas de las preguntas que debes tratar:

- ¿Cuál es exactamente el beneficio financiero neto del trabajo? Al final de cuentas, la mayoría de nosotros (hombres y mujeres), trabajamos por la razón práctica y noble de querer proveer para nuestra familia y para otros. Si eso es así, debes contar el costo real detalladamente de los beneficios del trabajo. Te puedes sorprender al darte cuenta de que un ingreso adicional de sesenta mil dólares a tu sueldo anual resulta siendo menos de la mitad de su totalidad después de todos los descuentos y pagos por cuidado de los niños, pasajes o combustible, y los otros gastos ocultos de la vida laboral.

- ¿Cómo encajarían las demandas de tu trabajo con las del trabajo de tu esposo? ¿Son compatibles ambos trabajos? Una situación en la que uno o ambos cónyuges tienen trabajos flexibles y de poco estrés es totalmente diferente a otra en la que ambos tienen trabajos con grandes demandas y horarios que no son compatibles, sean los sueldos altos o no. Sé realista al momento de evaluar cómo se ve tu situación y si es factible en realidad.

- ¿Estás segura de que necesitas un ingreso extra? La vida está compuesta por decisiones pequeñas que inevitablemente conducen a decisiones más grandes. Reconsidera las pequeñas decisiones: ¿realmente necesitas dos tazas de Starbucks, o cualquier otra cosa, a diario? O una decisión más grande como: ¿en realidad necesitas poner a tus hijos en una escuela privada en lugar de mandarlos a una estatal o de darles su educación en casa? ¿Es necesario que vayas de vacaciones a la playa todos los años en lugar de ir al parque a jugar? ¿En realidad necesitas remodelar el baño? A veces si tomas un poco de tiempo para mirar la palabra «necesitar» desde un punto de vista diferente y creativo, puedes hallar una respuesta distinta.

- ¿Estás satisfecha con los arreglos que tendrías que hacer para que alguien cuide a tus niños si tuvieses que trabajar? Esta pregunta es sumamente importante y se tiene que tratar directamente. El cuidado de los niños es uno de los factores más estresantes para las mamás que trabajan fuera del hogar y tienen niños pequeños. En lugar de suponer que las opciones serán buenas, toma tiempo para pensar bien y determinar si la mejor de ellas sería lo suficientemente buenas. Ten en cuenta que solo son unos cuantos años al inicio de la vida de tu hijo o hija, por lo general los años antes de que vaya a la escuela. Si las opciones que están a tu disposición no te dan paz, considera posponer tu ingreso al campo laboral.

Esta no es una lista completa de las preguntas que se deben hacer. Solamente son ilustraciones para animarte a que hagas una evaluación sincera y realista. La clave es escarbar lo más profundo que puedas la situación actual de tu familia. No te olvides de pedirle a nuestro Padre celestial que te guíe. A él le encantan las oraciones de su pueblo, especialmente cuando le pedimos que nos guíe y nos dirija. Pero, sobre todo, no entorpezcas el proceso, pues tendrás una respuesta basada en impresiones superficiales e hipótesis de larga data. Conversa bastante con tu esposo, con tus hijos, con tus amigos más cercanos y con tus mentores. Haz las preguntas difíciles. Asegúrate de que toda tu familia esté de acuerdo con la decisión que tomes en esta etapa. Sé sabia, sé honesta, sé flexible. Mantente en oración.

La historia de Mary

Mi buena amiga Mary creció en una familia típica asiática inmigrante. Sus padres dejaron todo en Corea para mudarse a Estados Unidos, con la finalidad de darles una mejor vida a sus hijos. Ella se esforzó mucho en la escuela secundaria y en la universidad, y logró cumplir el sueño de sus padres de ir a la Facultad de Derecho de Harvard. Está sobreentendido que sus padres tenían grandes expectativas con su carrera. Se graduó con honores, consiguió un trabajo en una prestigiosa firma de abogados en la ciudad de Nueva York y avanzó en su carrera profesional según los pasos que había planeado hasta que conoció a su maravilloso esposo cuando tenía un poco más de treinta años. Se casaron y poco después, cuando salió embarazada se vio confrontada con la decisión de qué hacer después de que naciera su bebé.

La presión venía por diferentes direcciones. Por un lado sus padres le decían que no podía «desperdiciar» la educación que había recibido en Harvard, y por otro lado ninguna de las mujeres que ella conocía en su iglesia habían vuelto al trabajo después de tener sus bebés. Mary siempre se había imaginado que pasaría todo el tiempo con su pequeño, pero al mismo tiempo le era difícil cambiar lo que siempre había hecho: esforzarse por alcanzar logros más grandes. Gracias a Dios, su esposo la apoyaba totalmente, cualquiera que fuese la decisión que ella tomase.

Cuando todos bloquearon las voces externas y se pusieron a pensar bien en el asunto, llegaron a esta conclusión: ¿qué es lo que les permitiría ser la mejor mamá y el mejor papá para su bebé? En el caso de mi amiga, sería trabajar a medio tiempo en lugar de tiempo completo, lo

CÓMO SER LA MEJOR MAMÁ

que limitaría el desarrollo de su carrera profesional. De igual manera, su esposo tendría que pedir y mantener flexibilidad en su trabajo, lo que también limitaría las elecciones de su carrera profesional. En su situación, para poder ser la mejor mamá y el mejor papá, tenían que invertir horas extras en casa, estar presentes físicamente e interactuar con sus hijos a diario, para lo cual organizaron sus vidas laborales y así aprovechar al máximo esas prioridades.

Una vez que tomaron la decisión, Mary fue bendecida con un trabajo a medio tiempo de consultoría en su casa y se ganó el apoyo de un jefe maravilloso que valoraba tanto su contribución que siempre le daba la flexibilidad que ella necesitaba. Ha estado en ese trabajo por quince años y ha podido educar a sus tres hijos en su casa al mismo tiempo. Mary se siente muy cómoda compaginando sus tres trabajos: maestra, abogada y administradora del hogar. Sin embargo, ella sabe que en realidad, solo uno de esos trabajos es el más importante: ser mamá.

LA GUÍA PARA LAS MAMÁS QUE TRABAJAN FUERA DEL HOGAR

No hace mucho Mary leyó lo siguiente en un blog: «Sabes que eres una mamá que trabaja fuera del hogar cuando al tiempo que pasas yendo y viniendo del trabajo, lo llamas: mi tiempo personal».[3] La verdad es que este comentario no es muy cómico que digamos, porque es la realidad de muchas mujeres. Ha habido muchas olas de intenso estrés, pero Mary recuerda claramente largos períodos de tiempo cuando ella sentía que cada segundo de su día tenía que estar medido, administrado y aprovechado al máximo. Ser mamá es difícil universalmente, pero ser una que trabaja fuera del hogar trae consigo dificultades extremas. Aunque es algo cada vez más prevalente, y de acuerdo al US Census Bureau [Oficina de Censos de Estados Unidos], dos tercios de todas las mamás trabajan fuera del hogar,[4] este aún es un tema difícil.

¿Cómo puedes llegar a ser la persona competente, creativa, receptiva, a quien todos busquen para resolver un problema en tu trabajo, y ser también una esposa amorosa y comprensiva? Sin dejar de mencionar: preparar comidas saludables para tu familia, ayudar a tus hijos en lo académico, ejercitarte para mantenerte saludable; ser amorosa, una vecina amable, mantener contacto con tu mejor amiga de la escuela secundaria, llevar a tus hijos a sus juegos, prácticas y citas médicas... la lista sigue.

El secreto más grande que descubren todas las mamás que trabajan fuera del hogar es el siguiente: *¡no puedes hacerlo todo!* Tratar de ser la trabajadora, esposa, amiga y mamá perfecta es una búsqueda agotadora por algo que es un producto de la imaginación de nuestra cultura. El resultado de esta carrera será: frustración, culpabilidad, agotamiento y miseria para toda la familia. No le prestes atención a lo atractivo que parezca la perfección. Acepta tus limitaciones y di: «Eso es algo que no puedo hacer». No hay nada malo con eso, ni aun Jesús hizo todo cuando estuvo en esta tierra.

PERSIGUE LA EXCELENCIA, NO EL ÉXITO

La regla de conducta primordial que le ha dado a Mary propósito y satisfacción en su trabajo ha sido el poder enfocarse en la excelencia. Ella se dio cuenta rápidamente de que no valía la pena estresarse por cosas como: un ascenso, reconocimiento, aumento de sueldo y otras metas exteriores. Cosas que no deberían ser su meta principal sino resultados secundarios. El consejo que se dio a sí misma y que les damos a nuestros chicos es: Haz siempre lo mejor. Este consejo se aplica a cualquier persona que tenga un trabajo.

Trata todas tus labores y proyectos con integridad, fidelidad y con una disposición a servir. Son muchas las razones por las cuales la Biblia nos dice que esta es la manera correcta de actuar. Hacer las cosas correctas de la manera correcta es su propia recompensa. ¡Y a veces recibe reconocimiento! Pero la meta no deben ser las recompensas externas. Debemos hacer las cosas lo mejor que podamos. En el caso de Mary, el hecho de no enfocarse en los resultados sino en la excelencia ha sido un beneficio increíble en su habilidad para equilibrar el trabajo con el hogar.

Hay otros beneficios de esta estrategia. Un jefe que tiene un trabajador excelente por lo general tratará de hacer lo que pueda para ayudar a ese trabajador. Supongamos que tu hijo se enferma repentinamente y tienes que salir temprano o tienes que trabajar desde tu casa. Un jefe que te valora hará que eso sea posible. ¿Deseas poder estar en casa todas las noches para cenar con tu familia? Entonces tienes que llegar a ser una trabajadora de mucha confianza y de mucho valor, para que tu jefe pueda decir sinceramente: «No me importa cómo se haga el trabajo, con tal que se siga haciendo bien». Sorprende lo raro que es encontrar trabajadores que estén comprometidos con sinceridad a hacer sus trabajos con excelencia, pero los jefes se dan cuenta cuando hay tal dedicación. Este es el boleto a la dicha que te aliviará del estrés de tener que equilibrar el trabajo y la familia. Demuestra a diario con tu excelencia que pueden confiar en que tú vas a hacer un buen trabajo en cualquier situación; ayúdales a darse cuenta de que no quieren perderte, y con el tiempo podrás ganarte la flexibilidad que tanto necesitas.

Otro resultado lógico cuando uno se enfoca en la excelencia en el trabajo es un ascenso en tu labor. Vuelvo a mencionar, esta no debe ser tu meta principal, pero viene a ser un resultado secundario y natural de tu compromiso y excelencia. Las promociones pueden darte más flexibilidad para poder equilibrar el trabajo y la vida. Eso no quiere decir menos trabajo, ya que a medida que avances tendrás más responsabilidades. Sin embargo, en muchos campos, una promoción quiere decir que tienes más control sobre tu horario de trabajo, lo que puede aliviar mucho el estrés de tener que controlar tu tiempo.

Por lo general el estrés en el trabajo no es tanto por la cantidad o la intensidad del trabajo en sí, sino es cuando tienes que ir a la escuela para una reunión con uno de los profesores y alguien programa una reunión en el mismo intervalo de tiempo. Casi siempre la clave es tener la habilidad para manejar ambos mundos. En otras palabras, cuanto más alta sea tu posición, mayor será la posibilidad de que hagas que las cosas sucedan, en lugar de que las cosas te sucedan a ti. En vez de tener que pedirle al jefe de turno que te dé ciertos días u horas libres, tú serás el jefe de turno que se encargue de los horarios. En lugar de tener que quedarte hasta tarde para hablar con el jefe, tú serás el jefe que se encargue de que los trabajadores sepan que no tienen que quedarse hasta tarde para hablar contigo. No tendrás que depender de la piedad de tu jefe cuando tengas que negociar con él, sino del hecho de que eres un trabajador excelente y de mucho valor, uno que puede controlar la flexibilidad que necesite.

El ejemplo de una ética laboral sólida

Uno de los mejores regalos que podemos darles a nuestros hijos es el ejemplo de una ética laboral sólida. Puedes ayudarles a edificar un fundamento para el éxito cuando les das el ejemplo de trabajo esforzado y animado, decidido a añadirle valor a cualquier cosa que hagas. Una de las citas famosas de Albert Einstein es: «Esfuérzate no por ser una persona de éxito, sino por ser una persona de valor».[5] Este tipo de valor no solo se enseña, sino que se aprende observando. Hoy no hay una ética laboral tan sólida, por lo que le estaremos haciendo un gran favor a nuestra sociedad si criamos a nuestros hijos con una ética sólida. Un trabajo bien hecho es su propia recompensa. Es la conducta que debemos dejarles como ejemplo a nuestros hijos.

Por último, es de vital importancia que nuestros hijos vean que, aunque somos sinceros y trabajadores, nuestro trabajo no es lo más importante en nuestras vidas. Nuestros hijos deben ver y saber que el Señor y nuestras familias son las dos cosas más importantes en el mundo. Este es un tremendo regalo, para que ellos lo puedan experimentar directamente. Eso les servirá como un mapa para el camino que sigan a medida que crecen y cuando tengan sus propias familias. Será un compás de mucho valor no solo para nuestras hijas cuando tengan que decidir qué hacer con su futuro, incluyendo el trabajo y la familia, sino también para nuestros hijos varones que también necesitarán saber cómo debe ser la compatibilidad del trabajo y la familia. Piensa por un momento, al dejar el ejemplo de excelencia laboral mientras que estás comprometida incondicionalmente con tu familia, no solo estás edificando una familia saludable para ti, sino que estás forjando un legado de familias saludables que perdurarán por generaciones.

DOS CLAVES: FLEXIBILIDAD Y ORACIÓN

La flexibilidad que una mamá tenga en su trabajo le ayudará a lidiar con las necesidades del hogar. Hay situaciones que pueden ser muy estresantes si no tenemos la habilidad para tratar con ellas cuando estamos en nuestro horario de trabajo, como por ejemplo: un hijo enfermo, un imprevisto por el cual la niñera no puede cuidar a tu niño, una llamada del director de la escuela de tus hijos. La flexibilidad que hayas ganado por medio de tu excelente trabajo te ayudará a aliviar el estrés de esas situaciones. Por otro lado, está tu flexibilidad para poder manejar las emergencias que surjan en el trabajo. En muchos centros laborales habrá altos y bajos en las demandas que se presenten: tener que cubrir el turno de un compañero de trabajo, un conflicto de relaciones públicas que se suscita inesperadamente, los contadores en la época del pago de impuesto al gobierno. Si no estás dispuesta a ayudar con la carga de esas demandas, te será muy difícil pedirle a tu jefe que sea flexible cuando tú lo necesites.

Este tipo de asuntos entre el trabajo y la familia no se maneja fácilmente. Puede desequilibrarse con facilidad. Se requiere de mucho esfuerzo poder actuar con sabiduría y mantener la integridad cuando uno se halla en medio de sus circunstancias, pero vale la pena el esfuerzo que uno haga por mantener la integridad entre el trabajo y la familia. Sin embargo, te vuelvo a advertir, es un esfuerzo. Cuando alguien te llame del trabajo porque «hay una emergencia», tendrás que manejar la situación con discernimiento y armarte de toda la gracia y carisma que puedas. Si la situación es realmente urgente y en verdad te necesitan, tendrás que esforzarte más para poder atender a tu hogar y tu familia en medio de esa crisis. Cuando la situación no es urgente en realidad, tendrás que usar de tu ingenio para hablar con tu jefe o colega de trabajo y decirles que no estás disponible en esos momentos de manera que quede claro tu compromiso con la compañía. ¿Fácil? ¡De ninguna manera! ¿Vas a cometer errores? De hecho que sí; pero la confianza crece a medida que pongas en práctica este balance. Con el tiempo esa confianza será muy beneficiosa para reducir el tira y jale entre el trabajo y el hogar.

También es muy esencial que las mamás que trabajen fuera del hogar aprendan a hacer lo que el apóstol Pablo nos anima a hacer a diario: «Oren sin cesar» (1 Tesalonicenses 5.17). Te sorprenderán algunas de las respuestas que nuestro Padre celestial te dará, ya que él mejor que nadie conoce los dobles retos con los que te enfrentas. Si tomas tiempo para pedirle que te ayude, él tomará el tiempo para ayudarte, y a veces lo hará en forma que te dejará boquiabierta.

La regla de conducta primordial que le ha dado a Mary total satisfacción en su hogar ha sido el enfocarse en el amor más que en su rendimiento. Ella es la primera en admitir que muchas veces falla. Nosotras las mujeres somos muy duras con nosotras mismas, y a veces con nuestros hijos. Siempre establecemos estándares que son imposibles de alcanzar. El afán por ese rendimiento es una mala hierba insidiosa que tenemos que desarraigar a diario para que pueda crecer en su lugar la bella flor del amor y la gracia. ¿Cómo lo podemos lograr? Mary ha descubierto algunas disciplinas que son esenciales para la mamá que trabaja fuera del hogar. Lo primero es acoger la disciplina de la humildad.

LA IMPORTANCIA DE LA HUMILDAD

Tenemos que ser buenas estudiantes de nosotras mismas, de nuestras habilidades y nuestras limitaciones. Algunas personas son muy enérgicas por naturaleza, y parece que tienen una gran reserva de energía física, emocional, relacional e intelectual. Parece que pueden mantenerse en buen estado físico (caminan cinco millas diarias a las cinco de la mañana); se mantienen en contacto con su mamá y sus mejores amigas (hablan por teléfono con ellas todos los días); leen libros interesantes y pueden hacer comentarios acerca de ellos cuando se reúnen para cenar con sus amigos. También pueden escuchar con compasión a sus preadolescentes cuando ellos exteriorizan sus sentimientos, mientras que están preparando una cena maravillosa para su familia. La verdad es que vemos a una mujer que hace algunas de esas cosas y a otra que hace otras, y sentimos que debemos hacerlas todas. Pero esa no es la realidad.

Nosotras las mamás, trabajemos fuera del hogar o no, debemos reconocer nuestras limitaciones. Es difícil porque eso quiere decir que tenemos que aceptar que somos finitas, lo que es verdaderamente aceptar la humildad. Eso es sumamente necesario. Es lo que sucede si no aceptamos la humildad: tratamos de hacerlo todo, a un ritmo alocado, hasta que nuestros hijos u otras personas se crucen en nuestro camino. Entonces nos frustramos y nos enojamos, y sentimos que somos un fracaso, lo que fácilmente puede llevarnos a la depresión. El mundo se convierte en un lugar miserable no solo para la mamá sino para todos los que la rodean. Como dice el dicho: «Si mami no está contenta, nadie está contento».

La experiencia es un buen maestro. Con el tiempo Mary ha aprendido que para que haya paz y gozo en su familia tiene que aceptar sus limitaciones con humildad. Es posible que pueda preparar una comida casera para el cumpleaños de sus hijos, pero quizás no sería la mejor idea organizar una fiesta de piyamas e invitar a diez de los amigos de su hijo. Quizás pueda ver a sus amigas de la infancia cuando visite a sus padres, pero viajar un fin de semana con sus amigas es una imposibilidad en esta etapa de su vida. Una mamá siempre tiene que poner las cosas en orden de prioridad. Mary está tranquila porque sabe que su primera prioridad es ser una mamá cuyos hijos saben, sin duda alguna, que ella los ama y los atesora, aun si tiene que deshacerse de otras prioridades.

Reconocer nuestras limitaciones nos ayuda a ver aquello que no podemos hacer para que no nos desgastemos a nosotras y a otros con estándares imposibles de alcanzar. También nos ayuda a apreciar aquello que sí podemos hacer para que aprovechemos al máximo lo que Dios nos ha encomendado que hagamos. Eso nos da satisfacción y paz, un maravilloso regalo que podemos darles a nuestros hijos.

LA BENDICIÓN DE ESTABLECER MÁRGENES

Una disciplina que también está relacionada a este tema, que Mary ha aprendido en su rol de mamá que trabaja fuera del hogar, es la importancia de establecer márgenes en nuestras vidas. Mary valora la eficiencia. Ella quiere que cada minuto conduzca a algún logro. El hecho de que las mamás que trabajan fuera del hogar tienen poco tiempo para lo que deben hacer alimenta ese frenesí y con facilidad podemos caer en la trampa de dejar que otras cosas ocupen los márgenes que hemos establecido. Cuando nos esforzamos por tratar de llenar cada espacio vacío, eliminamos los márgenes en nuestras vidas y en las de nuestros hijos. Mary no se dio cuenta, en sus primeros años como mamá, de cuánto estrés se acumulaba en su vida y la de su familia por ese hecho. Además de trabajar fuera del hogar, Mary educaba a sus hijos en su casa. A medida que avanzaba en ambas áreas, notó que estaba perdiendo la paciencia con sus hijos porque no tenía márgenes en su vida.

Por muchos años sus hijos pasaban cada mañana en clases con ella, luego los dejaba con los abuelos por la tarde mientras se iba a trabajar. A la hora del almuerzo, después de haber concentrado una gran cantidad de enseñanza en sus hijos, se cambiaba frenéticamente sus pantalones de ejercicio y se ponía un traje con chaqueta. Mientras almorzaba a la carrera, les gritaba a sus hijos: «Tenemos que irnos». ¡Los zapatos eran un gran problema para los chicos!, por lo que su corazón palpitaba a causa de la impaciencia y frustración ya que su hija de ocho años solo podía encontrar uno de sus zapatos, el de seis años se demoraba una eternidad para amarrarse los suyos y tenía que luchar con el de tres años para que se pusiera los suyos. Hasta hoy se avergüenza cuando se acuerda de cómo les gritaba porque no se amarraban los zapatos con rapidez. Ellos lloraban y Mary también porque se sentía sumamente mal. Esa no era la rutina de todos los días, pero sucedía con una frecuencia que hizo que Mary se diese cuenta de que algo tenía que cambiar.

Tal como dice un proverbio chino: «El mejor tiempo para plantar un árbol es hace veinte años. El segundo mejor tiempo es ahora». Mary notó que establecer algo de margen es un gran recurso para las mamás que trabajan fuera del hogar y para sus hijos. Deja algo de espacio, porque los pequeños (y algunas personas grandes) no son perfectos y no pueden correr al ritmo de un horario exacto. Si tienes que estar en algún lugar a la 1:00 p.m., planea llegar a las 12:50. Si piensas que se van a demorar diez minutos para que todos se pongan sus sacos y sus zapatos, entonces reserva quince minutos. El simple hecho de dejar un margen para algo imprevisto, te permitirá mantener la calma y ser amable cuando alguien cometa un error o algo inesperado suceda.

Este pequeño detalle ha marcado una gran diferencia en la familia de Mary. Aún lucha con el hecho de tratar de apretar muchas cosas juntas, pero cuando siente que la tensión comienza a aumentar, lo primero que hace es ver si se ha olvidado del margen. Cuando arregla ese problema usualmente el resultado es un cambio inmediato en el cociente de la felicidad de la familia. Ten ánimo; tu amabilidad y tu bondad serán una gran bendición para tus hijos y te dará mucha satisfacción también.

DEBEMOS ACEPTAR A NUESTROS
HIJOS TAL COMO SON

Es necesario que nosotras las mamás aceptemos a nuestros hijos tal como son y no de acuerdo a lo que esperamos que sean. Este es un asunto universal para todas las madres, pero puede ser más difícil para las mamás que trabajan fuera del hogar. Por el poco tiempo que tienen, es más fácil para ellas evaluar el rendimiento de los hijos basadas en algunos parámetros que aceptarlos y conocerlos a pesar de sus defectos e imperfecciones.

El peor día de Mary como mamá fue cuando se estresó y se molestó tanto que les gritó a sus hijos, los dejó solos y se fue a su habitación. Su hijo de once años de edad le escribió la siguiente carta y se la pasó por debajo de su puerta:

Querida mami:

Aún te amamos. No te odiamos. Así que no nos trates como si te odiásemos. Por favor, no te portes como si tuviéramos que ser perfectos. Si lo fuésemos no seríamos humanos ni tus hijos. Así que, si ya no estás molesta, por favor ven a la sala de clase para poder hablar de este asunto. Pero si nos odias nos quedaremos en nuestro cuarto hasta que llegue papá. Y así sabremos que no nos amas. Esperamos que no ames a una cámara, o a una cocina, o la perfección más que a tus hijos. Pero parece que así fuera.

El hijo de once años firmó la carta, el de seis escribió su nombre legiblemente (su hija de nueve años no la firmó probablemente porque sentía que sería desleal hacerlo). Lo bello es que los niños son asombrosamente perdonadores y anhelan tanto tener una relación cariñosa con su mamá que se reconciliaron sin perder tiempo. Los hijos de Mary perdonaron y olvidaron. Mary carga la carta de sus hijos en su cartera para que la ayude a recordar lo que tiene que evitar: enredarse tanto en sus metas y planes que sus hijos piensen, por un momento, que ella ama más otras cosas que a ellos. Dejar suficiente margen cada día la ayuda a evitar caer en esa trampa.

Mary aún lucha con la tendencia a enfocarse en si los chicos hicieron su tarea o no; cómo van con sus clases en casa, cómo van con sus lecciones de piano o violín, etc., etc. Pero cuando toma tiempo para dejar que hablen de cosas sin importancia; cuando los escucha jugar con sus muñecos; cuando lleva a sus hijos adolescentes al cine, les da la seguridad de que los ama tal como son. Después de todo, el mejor regalo que les podemos dar a nuestros hijos es saber que los vemos, los conocemos y los amamos tal como son y no por lo que quisiéramos que fuesen. Cuando incluimos a Dios en nuestros esfuerzos y los ponemos delante de él, podemos utilizar el trabajo fuera de la casa para resaltar nuestro amor por nuestros hijos (y no abrumarlos). Eso no se logra fácilmente, pero si hacemos las preguntas que son difíciles de hacer, si aceptamos nuestras debilidades con humildad, si somos flexibles y creamos los márgenes necesarios (entre otras cosas), lo podemos lograr.

PARA REFLEXIONAR

Medita en lo siguiente

La Palabra de Dios

Por lo tanto, como escogidos de Dios, santos y amados, revístanse de afecto entrañable y de bondad, humildad, amabilidad y paciencia [...] Que gobierne en sus corazones la paz de Cristo [...] Y todo lo que hagan, de palabra o de obra, háganlo en el nombre del Señor Jesús, dando gracias a Dios el Padre por medio de él. (Colosenses 3.12,15,17)

El fruto del Espíritu es amor, alegría, paz, paciencia, amabilidad, bondad, fidelidad, humildad y dominio propio. (Gálatas 5.22–23)

Y todo lo que hagan, háganlo de corazón, como para el Señor y no como para la gente. (Colosenses 3.23, RVC)

Palabras de los autores

«El simple hecho de dejar un margen para algo improvisto te permitirá mantener la calma y ser amable cuando alguien cometa un error o cuando algo inesperado suceda».

Evalúa

1. ¿Por qué la meta es la excelencia en vez del éxito?
2. ¿Cómo puedes tener como meta la excelencia y aceptar con humildad tus limitaciones a la vez?

3. ¿Dejas suficiente margen en tus planes diarios? ¿Cuáles son los impedimentos con los que te enfrentas?
4. Sea que trabajes fuera del hogar o no, ¿cuáles son las verdades más importantes que debes comunicarles a tus hijos?
5. ¿Qué has aprendido de este capítulo?

Resumen

Las familias modernas tienen que tomar decisiones con sabiduría, lo cual es muy liberador pero abrumante a la vez. Sea lo que fuese mejor para tu familia, no prestes atención a la tentación de la perfección. Así podrás dedicarte a la visión que tienes para tu familia, con gozo y valor.

Trece

Mamás dinámicas: un ministerio dirigido por el Espíritu

L inda es la mamá de un niño discapacitado. El diagnóstico de parálisis cerebral del niño al que esperaban con tanta anticipación la destrozó tanto a ella como a su esposo Rob. No tenían ninguno de los marcadores genéticos que dieran indicio alguno de que su hijo —que aún no había nacido— tuviese problemas de salud. En la cultura asiática en la cual habían sido criados, ser incapacitado no solo es visto como una tragedia sino también como una maldición. A causa de la vergüenza, muchas familias asiáticas esconden el problema y el niño discapacitado queda como un secreto familiar.

Linda y su niño permanecieron aislados por varios años, estaba deprimida y casi invisible. Por eso leyó muchos libros sobre la crianza de niños discapacitados y buscó información en internet. Después de varios años, cuando ya se le acababan las fuerzas, ella y su esposo se dieron cuenta de que no tenían la sabiduría ni la fuerza para lidiar con esa situación. Aunque financieramente podían cuidar de su hijo a quien amaban con todo el corazón, no había nada que pudiesen hacer para cambiar la situación.

Ellos sabían que las estadísticas decían que la mayoría de las parejas que tenían hijos con discapacidades severas, se divorciaban debido al estrés abrumador y la tristeza diaria. Ella y su esposo no se interesaron en la fe cristiana hasta que se encontraron en una situación que había llenado sus corazones de temor y pavor. Comenzaron a ir a una iglesia por invitación de unos amigos, y se dieron cuenta de que solo por medio del ministerio de Dios en sus vidas y en la de su familia podrían tener esperanza de sobrevivir a ese sufrimiento. Esa tragedia familiar, se ha convertido en un testimonio del poder y la gracia de Dios, Linda y Rob no hubieran escogido este camino para llegar a conocer a Dios, pero ahora tienen una fe profunda y una paz que les ha permitido edificar un matrimonio más fuerte y una familia más feliz de lo que se hubieran imaginado.

LA FORTALEZA DE DIOS EN NUESTRAS DEBILIDADES

Linda y Rob siempre comparten su versículo favorito: «"Te basta con mi gracia, pues mi poder se perfecciona en la debilidad". Por lo tanto, gustosamente haré más bien alarde de mis debilidades, para que permanezca sobre mí el poder de Cristo» (2 Corintios 12.9). Dios le dio fuerza y poder a la familia de Linda a través de lo que el mundo percibe como debilidad. El Señor siempre usa paradojas para enseñarnos sus verdades más profundas: por ser débiles, las debilidades de Linda y su esposo los hicieron fuertes. El Señor nos puede ministrar de verdad cuando somos humildes. Luego nosotros podemos ministrar a nuestras familias por medio del poder de él.

A fin de cuentas, la maternidad es ser ministro de la gracia de Dios para nuestra familia, y solo lo podemos hacer si aceptamos nuestras debilidades y buscamos su poder. Nuestro ministerio con nuestra familia es de suma importancia para el Señor. Él sabe que necesitamos su poder dinámico y, si se lo pedimos, no nos lo negará. Las mamás son los ministros de Dios para las familias, y recibimos poder por medio del Espíritu Santo para cumplir su voluntad en la tierra. No llevamos vidas rutinarias e irrelevantes, tenemos vidas con significación eterna. Lo que hacemos repercutirá e impactará a nuestro mundo por muchas generaciones. El poder del Espíritu Santo nos permite poner nuestra fe en acción. Aunque ser mamás es algo sumamente práctico, somos ministros espirituales también. El Señor, por medio de su gracia, nos ha dado a todos los creyentes su Espíritu Santo para que recibamos poder:

> Después de esto derramaré mi espíritu sobre todo ser humano, y profetizarán vuestros hijos y vuestras hijas; vuestros ancianos soñarán sueños, y vuestros jóvenes verán visiones. (Joel 2.28, RVR1995)

Me da mucha vergüenza cuando pienso en el cuidado maternal que les di a mis hijos, pues pienso en todas las cosas que hice y que hubiera podido hacer mejor. La buena noticia es que Jesús no mira esa forma en que cuidé de mis hijos con juicio. Él conoce mi debilidad humana. Él me ha creado para ser vencedora. Él nos ha creado a todos con la necesidad de experimentar una renovación diaria en nuestras vidas y en nuestras familias. Su Espíritu es la respuesta para nuestro dolor y nuestras necesidades más profundas. Su poder está al alcance de todo aquel que cree. La integridad, la salud y la sanidad están al alcance de todos aquellos que están conectados con Jesús.

El Espíritu Santo nos da un poder dinámico y renovador. Todos necesitamos del poder del Espíritu Santo cada día cuando nos enfrentamos con los retos y demandas en nuestro camino. El Espíritu provee ese toque de ánimo que necesitamos cuando el día es largo. En ocasiones, cuando me he sentido débil porque he estado pasando noches despierta cuidando de mis hijos o he tenido que enfrentar una semana sola porque Gregory estaba en un viaje de negocios, el Espíritu Santo es quien ha ministrado a mis necesidades más profundas.

EL PODER DEL ESPÍRITU SANTO

Todos nacemos con un hambre profunda de su Espíritu. Fuimos creados por Dios con la necesidad de su poder para cumplir con su voluntad en la tierra y en nuestras familias. Y la verdad es que no podemos hacer nada eterno sin su poder. Llegado el día, todos dejaremos estos cuerpos mortales y solo quedará su gloria. Si quiero ser parte de su reino en la tierra, y si quiero que mis hijos sean adultos sabios en medio de una generación necia, debo estar en el Espíritu y el Espíritu debe morar en mí.

La palabra *poder* se usa 120 veces en el Nuevo Testamento, de modo que hay mucho que aprender acerca de este tema. El poder espiritual es la habilidad de hacer que el reino de Dios avance en la tierra y en nuestras familias. Los vocablos *poder* y *dinámico* tienen la misma raíz en el idioma griego. El poder de Dios me da a mí y a toda mamá el dinamismo que necesitamos para criar a nuestros hijos.

Durante el ministerio de Jesús en Israel, él dijo que era bueno que se fuese porque «si no lo hago, el Consolador [el Espíritu Santo] no vendrá a ustedes» (Juan 16.7). Jesús no tenía temor de dejar a sus discípulos porque sabía que recibirían mayor poder para que cumplieran con el propósito de él en la tierra. La iglesia primitiva iba a recibir una dinámica explosión de poder que cambiaría el curso de la historia. Ese es el mismo poder que cambia el curso de nuestras familias. Jesús les dijo a sus discípulos: «recibiréis poder cuando el Espíritu Santo venga sobre vosotros» (Hechos 1.8, LBLA). El poder de Dios no solo nos permite servir con efectividad a nuestra familia, sino que el Espíritu Santo también nos revela cuáles son las necesidades más profundas de nuestra familia y nos ayuda a establecer las metas correctas. Jesús dijo que el Espíritu Santo nos guiará a toda verdad (Juan 16.13). Las familias jóvenes, necesitan que el Espíritu los guíe y les dé sabiduría. Las familias que han estado en el camino por mucho tiempo, necesitan una infusión de gozo y constancia continua. Todos necesitamos del fruto del Espíritu que la Biblia promete: «amor, gozo, paz, paciencia, benignidad, bondad, fidelidad, mansedumbre, y dominio propio» (Gálatas 5.22–23).

El propósito del Espíritu Santo es crear en nosotros llenura y gozo. El Espíritu Santo quiere darnos poder en medio de las tentaciones y el dolor. Estas son las buenas nuevas para las mamás que están agotadas: Dios nos da el poder del Espíritu para que podamos vivir y vivir en abundancia. Como nos dijo Jesús: «Yo he venido para que tengan vida, y la tengan en abundancia» (Juan 10.10). Necesitamos que su poder nos ayude a vivir a un nivel al cual no podríamos llegar por nosotras mismas. De igual manera, necesitamos meditar en esta promesa: «Pues Dios no nos ha dado un espíritu de timidez, sino de poder, de amor y de dominio propio» (2 Timoteo 1.7).

Lo que me ha librado del profundo dolor y del quebranto de mi niñez ha sido el poder dinámico del Espíritu Santo. Es posible que haya sido perjudicada por algunos sucesos mientras estaba en el vientre de mi mamá y en mi niñez, pero con el correr de los años él ha podido cumplir sus propósitos de darme paz e integridad. Por su gracia, mi esposo y yo no hemos repetido el pasado en nuestra propia familia. A través del estudio cuidadoso de las Escrituras en oración, hemos podido desarrollar una visión familiar en la que ponemos a nuestra familia en primer lugar, y por su poder vemos que esa visión va tomando forma.

Lo complicado no es la meta final, sino el hecho de que el desarrollar nuestra fe a diario es algo que nuestra naturaleza humana no comprende. Por ello, la única forma en que podemos desarrollar la autodisciplina que se necesita para cargar nuestra cruz a diario y andar en la fe es permitir que el Espíritu obre en nuestras vidas. Mediante la obra del

Espíritu Santo y con el correr del tiempo, los deseos de nuestro Padre se han convertido en nuestros deseos. A través del Espíritu Santo nos vamos pareciendo más a Jesús. Como lo afirmara Juan el Bautista: «A él le toca crecer, y a mí menguar» (Juan 3.30). En un mundo colmado de almas heridas la respuesta es que el Espíritu Santo crezca en nuestras vidas. Yo testifico de su poder redentor. El Espíritu Santo obra en nuestro ser para sanarnos y hacernos agradables al Padre. Él nos ayuda a crecer en el carácter de Jesús, lo cual evidencia el fruto del Espíritu en nuestras vidas. Esa es la ayuda que necesito cada día para ser una mejor mamá, esposa y persona.

Todas necesitamos recurrir al poder dinámico de Dios continuamente a medida que desarrollamos los ingredientes esenciales para cuidar de nuestros hijos, ya que sin su poder, a la larga, nos agotaremos y nos desanimaremos. En la tiranía de lo trivial, es muy fácil poner nuestro tiempo con Dios al final de nuestro ajetreado horario, pero lo que más necesitamos para ser mamás que críen bien a sus hijos es el cuidado de él, la fuente de «agua viva» de la que podemos sacar nuestro sustento (Juan 7.38).

El Espíritu de verdad y de humildad

La forma en que el Espíritu nos ayuda, como seguidoras de Cristo, es llenándonos de su verdad. Así como Jesús nos prometió en Juan 16.13: «Pero cuando venga el Espíritu de la verdad, él los guiará a toda la verdad». La verdad es vital para todas las familias. Es semejante al cemento que une a los ladrillos. Es algo que no siempre es visible y es muy fácil escatimar. Pero siempre se necesita, y si no se usa de manera correcta se pone en peligro toda la estructura. El Espíritu Santo puede ayudarte en esta área, si le pides su ayuda. Pídele que te haga consciente si hay algún desvío de la verdad en tu familia que le pudiese estar causando daño. Es muy común que los adolescentes digan mentirillas o mentiras descaradas cuando se les hace difícil decir la verdad. Si le pides al Espíritu con toda sinceridad que te revele la verdad acerca de tus hijos, él lo hará. Permíteme añadir que debes ponerte en posición para escuchar y debes estar dispuesta a oír lo que te diga.

Tanto mi esposo como yo tenemos parientes que son mentirosos por hábito, lo cual ha traído como consecuencia destrucción a sus vidas y a las de otros. En la Biblia se conoce a Satanás como el «padre de mentira» (Juan 8.44). Y como padres no queremos que nuestros hijos tomen características satánicas. Por esta razón, todos los padres tenemos que criar a nuestros hijos de manera que valoren la verdad y hablen solo la verdad. Cuando estimamos la verdad nos acercamos a Dios y a la libertad, porque Jesús nos promete: «La verdad los hará libres» (Juan 8.32).

Uno de los rasgos característicos de mayor inspiración del Espíritu Santo es su humildad. Él entra en nuestras vidas al momento de nuestra conversión para que estemos más cerca de Jesús, sin llamar la atención hacia sí mismo. Él no se glorifica a sí mismo; glorifica a Jesús. De la misma manera, no debemos esforzarnos para recibir la gloria, sino que debemos andar en humildad y debemos glorificar al Señor. Si no reconocemos con humildad que necesitamos del Espíritu Santo, hallaremos gran dificultad en nuestras vidas. Una de las lecciones más profundas que he aprendido es que la maternidad es un esfuerzo que te lleva a la humildad. Me he dado cuenta de cuánto necesito al Espíritu Santo para poder ser la mejor mamá que pueda.

Si no somos humildes, vamos a poner nuestra mirada en nosotras mismas y en soluciones que puedan dar resultados a corto plazo pero que no arreglarán el problema de fondo. Él nos da poder solo cuando le permitimos obrar en nuestras vidas. El Espíritu Santo no nos obliga a que lo busquemos o a que le obedezcamos. Cuando humildemente reconozcamos nuestra necesidad, él tendrá la libertad de obrar en nosotros, nuestras vidas y nuestras circunstancias. El Espíritu Santo creará la dinámica que necesitamos en nuestras vidas; es su labor combatir contra los espíritus de nuestra época, como la confusión, el conflicto y el egoísmo, y lo reemplazará con la paz, el amor y el gozo del Señor.

EL PODER DINÁMICO DE LA ORACIÓN SINCERA

Al igual que muchos padres, la señora Taylor se quedó perpleja cuando supo lo que su hijo menor, que ya era adulto, quería ser en la vida. Hudson siempre había sido un chico muy delicado, y tanto ella como su esposo estaban preocupados por su futuro. Cuando estaba por cumplir veinte años de edad, empezó una carrera en contabilidad y, aunque Hudson tenía fe, eso era más como una idea. Ya que él aún vivía con sus padres, participaba de los devocionales y asistía a la iglesia, pero de mala gana. Durante la lectura bíblica y los sermones su vista se distraía. Sentía que la instrucción espiritual no tenía mucha relevancia en su vida.

La señora Taylor decidió orar por su hijo todos los días. Una tarde, mientras visitaba a su hermana por unas semanas, sintió que el Espíritu Santo le urgía con fuerza a orar fervientemente por horas por su hijo. Esa misma tarde, Hudson encontró unos tratados en su casa, y después de leerlos se sintió movido a entregar su vida a Jesús. Hudson Taylor fue quien fundó la Misión al Interior de China, ministerio que fue usado poderosamente para llevar el evangelio a China. Hoy hay más de cien millones de cristianos en ese país, en parte gracias al poderoso ministerio de Hudson Taylor. Ministerio al que se le puede seguir el rastro maravilloso hasta llegar a las oraciones dinámicas de su mamá. Mi esposo conoció al Señor por medio de una familia china que había conocido a Cristo en el siglo diecinueve por medio de la Misión al Interior de China. La familia Slayton está muy agradecida por la señora Taylor y sus oraciones.

Nuestro Padre mandará su Espíritu a nuestra vida de oración si se lo pedimos con humildad, lo cual puede hacer que nuestras oraciones sean el arma más poderosa y efectiva que tengamos las mamás. Santiago 5.16 nos dice: «La oración del justo es poderosa y eficaz», pero es imposible que ninguna de nosotras podamos ser justas sin la obra expiatoria de Cristo y sin tener la cobertura de su Espíritu, pues de ahí viene el poder, no de nuestro interior.

Desde hace dos años, cuando comenzó mi debilitante enfermedad, nuestros hijos oran por mí todos los días. Su oración es que me sane completamente de la parálisis facial y del agotamiento con el que lucho todos los días. Mi hijo de diecinueve años me dijo que cree que Dios va a hacer algo «grande» a través de mi enfermedad. Eso solo sucedería por el poder del Espíritu Santo, ya que los doctores están de acuerdo en que el daño es irreversible. Aun así he mejorado más de lo que los doctores hubieran pensado; me dijeron que no podría sonreír y ya puedo hacerlo. Además, la oración de mi esposo y de mis hijos me ha liberado del temor y la depresión. El hecho de aceptar con humildad en oración que necesitamos del Espíritu Santo puede cambiar cualquier familia o cualquier situación.

QUE TU CASA SEA UNA «CASA DE ORACIÓN»

Dios dijo que su casa es una «casa de oración» (Mateo 21.13). Cuando oramos, intercedemos por nuestras familias. Gregory y yo oramos por nuestros hijos todos los días. Cuando ellos nos llaman de cualquier lugar del mundo, oramos juntos antes de colgar el teléfono. Oramos antes de cada comida y antes de nuestras conversaciones más difíciles. Nuestro hijo menor ora con nosotros al inicio y al final del día. La oración nos une y nos acerca más al Señor, y también nos ayuda a conocer más a Dios y sus deseos. No hay nada que nos pueda unir más que la oración. Es hermoso contemplar que mientras nosotros oramos Jesús está sentado a la diestra del Padre intercediendo por nosotros, y el Espíritu Santo está obrando para dar respuesta a esas oraciones.

Así como sucede con los niños, para poder aprender a hablar primero tenemos que escuchar. Eso es esencial en nuestra relación con el Señor: «Estad quietos y conoced que yo soy Dios» (Salmos 46.10, RVR1995). Es vital escuchar. Somos cambiados cuando estamos en la presencia de Dios, y cuando le escuchamos, con el tiempo somos transformados. Es importante escuchar efectivamente a nuestros hijos y al Señor; cuando les prestamos atención a nuestros hijos ellos revelan lo que son. Escuchar nos ayuda a entender cómo se están desarrollando y en quiénes se están convirtiendo. Al escuchar a Dios, creceremos y llegaremos a ser las mamás que el Señor quiere que seamos.

Es esencial que escuchemos a Dios en nuestra vida de oración. Debemos dejar de hablar cuando oramos y comenzar a escuchar; cuando oramos y adoramos nos humillamos delante de Dios. Somos inútiles sin su poder; la oración es una muestra de que tenemos fe en que él puede responder a nuestra súplica. Su poder es liberado en esa relación humilde con Dios. Escuchar es la línea de sustento que me conecta al Señor. Eso le ha permitido a él entrar en mi vida aun cuando yo me sentía lejos de él. Si cultivas esta disciplina, ella puede ser una línea de sustento para tu vida y la de tus hijos. La oración es el componente principal en todo ministerio maternal dinámico, y es una forma segura de acceder al poder dinámico de Dios para nuestras vidas por medio del Espíritu Santo.

Ora por tus hijos desde que están en tu vientre y ora por ellos cada día. Después de todo, ellos tendrán que decidir por sí mismos seguir a Cristo, pero a medida que continuamos orando que el Espíritu Santo esté en sus vidas, podemos tener la confianza de que Dios obrará a favor de ellos. Las mamás y los hijos tenemos que orar juntos y entregarle nuestras actividades diarias a Jesús. Las oraciones llenas del Espíritu cambian a cualquiera.

Dios está sumamente comprometido con el bienestar de nuestros hijos, ya que también son sus hijos. No importa que tan profundo sea nuestro amor por ellos, Jesús los ama aun más que nosotros. En Isaías 54.13 él promete que:

> El Señor mismo instruirá a todos tus hijos,
> y grande será su bienestar.

A partir de esta promesa podemos ver que el Señor mismo está en una jornada de maternidad con nosotros. Él es capaz de criar hijos íntegros en una generación quebrantada como la nuestra. Jesús nos ama, nos guía y nos bendice para que nosotros podamos amar, guiar y bendecir a nuestra familia en su glorioso nombre. Él nos ha prometido: «No será por la fuerza ni por ningún poder, sino por mi Espíritu» (Zacarías 4.6). A través de su Espíritu, por medio de la fe y la oración, con el tiempo podemos ser las mamás dinámicas y espirituales que él siempre ha querido que seamos.

Medita en lo siguiente

La Palabra de Dios

Recibiréis poder cuando el Espíritu Santo venga sobre vosotros. (Hechos 1.8, LBLA)

Pero cuando venga el Espíritu de la verdad, él los guiará a toda la verdad. (Juan 16.13)

Después de esto derramaré mi espíritu sobre todo ser humano, y profetizarán vuestros hijos y vuestras hijas; vuestros ancianos soñarán sueños, y vuestros jóvenes verán visiones. (Joel 2.28, RVR1995)

La oración del justo es poderosa y eficaz. (Santiago 5.16)

Palabras de los autores

«Todas necesitamos recurrir al poder dinámico de Dios continuamente a medida que desarrollamos los ingredientes esenciales de nuestros rol maternal. Sin su poder, a la larga nos agotaremos y nos desanimaremos».

Evalúa

1. ¿Cómo te ministra el Espíritu Santo personalmente?
2. ¿Le estás pidiendo al Espíritu Santo que les dé poder a tus hijos y una a tu familia? ¿Tienes plena confianza de que esta es la voluntad de Dios?
3. ¿Estás prestándole atención a Dios? ¿Cómo le escuchas?

4. El ministerio de la oración es poderoso. ¿Qué puedes hacer para que tu casa sea una «casa de oración»? ¿Qué es aquello por lo que vas a orar a diario?

5. ¿Puedes confiar en el Señor por el futuro de tus hijos? ¿Confías en que el Señor va a cumplir su voluntad en la vida de tus hijos?

Resumen

Las mamás somos los ministros de Dios para nuestras familias. Dios nos da poder por medio del Espíritu Santo para hacer su voluntad, y lo que hagamos repercutirá por muchas generaciones. Recuerda siempre que, como mamá, tu ministerio con tu familia es de valor eterno. ¡Haz que valga la pena!

Reconocimientos

Comencé este libro con mucho apoyo, y quiero agradecer con mucho cariño tanto a Ingrid Hill, Jennifer Keisling, como a Lisa Wen por todo su amor y ánimo. No hubiera podido escribirlo sin todo su gran esfuerzo. Admiro cómo cuidan de sus hijos y su dedicación a sus familias. Ustedes han sido tremendos ejemplos de lo que se puede lograr.

Christian Slayton, Ali Mazzara, John Murphy, Michael Tree y todos los miembros de la directiva de Fellowship of Fathers Foundation [Fundación de Confraternidad de Padres], junto con otros amigos queridos, ustedes han apoyado nuestra labor con oración, con ayuda ferviente y con su amistad. Gracias, gracias, gracias.

Agradecemos y apreciamos a nuestro gran equipo de Thomas Nelson por su esfuerzo y maravilloso apoyo.

Bendigo a mi amoroso y esforzado esposo, sin su ayuda no existiría este libro, y lo que es más importante, no tendríamos la hermosa vida y la familia que tenemos. Y a nuestros hijos: Sasha, Christian, Daniel y Nicholas. Ustedes son la evidencia tangible del amor de Dios en mi vida.

Notas

Introducción

1. Gregory W. Slayton, *Be a Better Dad Today: Ten Tools Every Father Needs* (Ventura, CA: Regal, 2012).

Capítulo 1: Una mamá sabia: el amor es el fundamento

1. León Tolstoi, *Anna Karenina*, libro electrónico (J. Borja, 2014), https://books.google.com/ books?id=ph33AwAAQBAJ&lpg=PP1&pg=PP1#v=onepage&q&f=false.

Capítulo 3: La importancia de una visión: familias prósperas

1. David M. Cutler, Edward L. Glaeser y Karen E. Norberg, «Explaining the Rise in Youth Suicide», National Bureau of Economic Research (2001), http://www.nber.org/chapters/c10690.pdf.

Capítulo 4: Cómo romper maldiciones generacionales: la integridad es posible

1. Jeffrey Kluger, *The Sibling Effect: What the Bonds Among Brothers and Sisters Reveal About Us* (Nueva York: Riverhead, 2011).

Capítulo 5: Las mamás no son perfectas: esa nunca fue la meta

1. Lorie Johnson, «Shocker! Anti-Depressant Use Up 400 Percent», Christian Broadcasting Network, Healthy Living (blog), 26 septiembre 2012, http:// blogs.cbn.com/healthyliving/archive/2012/09/26/shocker-anti-depressant-use-up-400.aspx.

2. Ann Crittenden, *The Price of Motherhood: Why the Most Important Job in the World Is Still the Least Valued* (Nueva York: Metropolitan, 2001).
3. Anne-Marie Slaughter, «Why Women Still Can't Have It All», *The Atlantic*, julio/agosto 2012, http://www.theatlantic.com/magazine/archive/2012/07/why-women-still-cant-have-it-all/309020.
4. Ibíd.

Capítulo 6: Harvard o el cielo: considera la eternidad desde el comienzo

1. Po Bronson, *El nudista del turno noche* (Barcelona: Tusquets, 2000).
2. Tyler Kingkade, «Harvard Bomb Threat Hoax Highlights Students' Struggles With Finals Stress», *The Huffington Post*, enero 2014, http://www.huffingtonpost.com/2013/12/20/harvard-stress-finals-exams-bomb_n_4475492.html.
3. Ibíd.
4. Rebecca A. Clay, «Mental Health Issues in College on the Rise», *American Psychological Association*, 44, no. 11 (diciembre 2013), http://www.apa.org/monitor/2013/12/elc-mental-health.aspx.
5. Kingkade, «Harvard Bomb Threat».

Capítulo 7: El sexo, las drogas y el rock and roll: respuestas a las preguntas difíciles

1. Tyler Charles, «(Almost) Everyone's Doing It: A Surprising New Study Shows Christians are Having Premarital Sex and Abortions as Much (or More) than Non-Christians», *Relevant*, septiembre/octubre 2011, http://www.relevantmagazine.com/life/relationships/almost-everyones-doing-it.
2. Haley Blum, «'Girls' Producers Defend Lena Dunham's Nudity», *USA Today*, 10 enero 2014, http://www.usatoday.com/story/life/people/2014/01/10/girls-producers-defend-lena-dunhams-nudity/4410633.
3. «Prescription Drug Overdose in the United States: Fact Sheet», Centers for Disease Control and Prevention, http://www.cdc.gov/homeandrecreationalsafety/overdose/facts.html.
4. «Not One Step Back – Order 227», 28 julio 1942, firmado por Josef Stalin. Ver http://www.historylearningsite.co.uk/not_one_step_back.htm.

Capítulo 9: Las tres claves de la maternidad: la comunicación, la sabiduría colectiva y la comunidad

1. John T. Cacioppo y William Patrick, *Loneliness: Human Nature and the Need for Social Connection* (Nueva York: Norton, 2009).
2. Joanna Stern, «Cellphone Users Check Phones 150x/Day and Other Internet Fun Facts», ABC News, Technology Review (blog), 29 mayo 2013, http://abcnews.go.com/blogs/technology/2013/05/cellphone-users-check-phones-150xday-and-other-internet-fun-facts.

3. Bryan C. Auday y Sybil W. Coleman, «Pulling Off the Mask: The Impact of Social Networking Activities on Evangelical Christian College Students», Gordon College, agosto 2009, http://www.gordon.edu/download/pages/Pulling%20Off%20the%20Mask-Facebook%20Study1.pdf.

Capítulo 10: *La crianza en una era ocupada: el tiempo es nuestro amigo*

1. Kim Brooks, «The Day I Left My Son in the Car», Salon.com, 3 junio 2014, http://www.salon.com/2014/06/03/the_day_i_left_my_son_in_the_car/.
2. Ken Eisold, «Suicide, Loneliness, and the Vulnerability of Men», *Psychology Today*, 24 mayo 2013, http://www.psychologytoday.com/blog/hidden-motives/201305/suicide-loneliness-and-the-vulnerability-men.

Capítulo 11: *Una palabra de sabiduría para las mamás solteras: hay esperanza*

1. Jonathan Vespa, Jamie M. Lewis y Rose M. Kreider, «America's Families and Living Arrangements: 2012», Economics and Statistics Administration, agosto 2013, http://www.census.gov/prod/2013pubs/p20-570.pdf.
2. Slayton, *Be a Better Dad Today*.

Capítulo 12: *Mamás que trabajan fuera del hogar: la excelencia, no el éxito*

1. Sheryl Sandberg y Nell Scovell, *Lean In: Women, Work, and the Will to Lead* (Nueva York: Alfred A. Knopf, 2013).
2. Rosa Brooks, «Recline, Don't "Lean In" (Why I Hate Sheryl Sandberg)», *Washington Post*, 25 febrero 2014, http://www.washingtonpost.com/blogs/she-the-people/wp/2014/02/25/recline-dont-lean-in-why-i-hate-sheryl-sandberg/.
3. Katherine Lewis, «Readers Respond: You Know You're a Working Mom When...», About.com, http://workingmoms.about.com/u/ua/todaysworkingmoms/WorkingMomMadlibs.htm.
4. D'vera Cohn, Gretchen Livingston y Wendy Wang, «After Decades of Decline, a Rise in Stay-at-Home Mothers», Pew Research Center's Social Demographic Trends Project, http://www.pewsocialtrends.org/2014/04/08/after-decades-of-decline-a-rise-in-stay-at-home-mothers.
5. Albert Einstein, citado por William Miller en «Old Man's Advice to Youth: "Never Lose a Holy Curiosity"», *Life* 38, no. 18 (2 mayo 1955): p. 64.

Acerca de los autores

Marina Slayton se graduó de Amherst College y culminó dos maestrías en Columbia University. Antes de ser mamá, enseñó en varias universidades y fue directora de varios programas de alfabetización en Nueva Inglaterra. Fue nombrada al Massachusetts Task Force for the Working Poor por el gobernador Dukakis. Fue redactor en jefe del libro mejor vendido en Bermuda: *Four Centuries of Friendship: US/Bermuda Relations 1609 to 2009* (Four CenturiesOfFriendships.com).

Gregory Slayton se graduó con honores de Dartmouth College y de la Escuela de Negocios de Harvard, y obtuvo una maestría en Estudios Asiáticos siendo becado estadounidense del Programa Fulbright. Ha sido director ejecutivo y socio inversionista en Silicon Valley, diplomático principal de Estados Unidos y eminente catedrático y conferenciante invitado en Harvard, Stanford y Dartmouth, en Estados Unidos y UIBE, Szechuan University y Pekin University, en China. Es coautor del libro mejor vendido en Bermuda: *Four Centuries of Friendship: US/Bermuda Relations 1609 to 2009* (FourCenturiesOfFriendship.com). También es autor del mejor vendido *Be a Better Dad Today: Ten Tools Every Father Needs* [Sé un mejor papá hoy: Diez herramientas que todo padre necesita] (BeABetterDadToday.com), que ha vendido más de

150.000 ejemplares a nivel mundial. Los Slayton donan todas las regalías del libro a caridades profamilias de todo el mundo, incluyendo a Fellowship of Fathers Foundation (FelloshipofFathersFoundation.org).

Los Slayton llevan casados más de veinticinco años y tienen cuatro hijos hermosos en edades de catorce a veinticinco años. Pasan la mayor parte de su tiempo entre China Continental y Norte América.

Para leer más acerca de este libro, por favor visita BeTheBestMomYou CanBe.com. Te invitamos a que te unas a nosotros en conversaciones interesantes referentes a la maternidad y la paternidad en Facebook.com/ BetheBestMomYouCanBe.

Gregory también trata de estos temas en Facebook.com/BeaBetter DadToday.

Índice

Índice de Escrituras